FRACASSO ESCOLAR

Sobre a Autora

Pedagoga e psicóloga, com especialização em Psicopedagogia PUC/SP. Mestre em Psicologia da Educação PUC/SP. Doutora em Psicologia e Educação USP.
Livros publicados pela Artmed: *A Psicopedagogia no Brasil – contribuições a partir da prática*, 2000; *Dificuldades de aprendizagem: o que são? como tratá-las?*, 2000.

B745f   Bossa, Nadia A.
         Fracasso escolar: um olhar psicopedagógico
      / Nadia A. Bossa : Artmed, 2002

        ISBN 978-85-7307-966-1

        1. Psicopedagogia – Problemas de aprendizagem. I. Título.

        CDU 37.015.3

Catalogação na publicação: Mônica Ballejo Canto – CRB 10/1023

NADIA A. BOSSA
FRACASSO ESCOLAR
UM OLHAR PSICOPEDAGÓGICO

Reimpressão 2008

2002

©Artmed® Editora S.A., 2002

Design de capa: Flávio Wild

Assistente de design: Gustavo Demarchi

Preparação do original: Magda Schwartzhaupt Chaves

Leitura final: Rubia Minozzo

Supervisão editorial: Mônica Ballejo Canto

Projeto gráfico
Editoração eletrônica

artmed®
EDITOGRÁFICA

Reservados todos os direitos de publicação, em língua portuguesa, à
ARTMED® EDITORA S.A.
Av. Jerônimo de Ornelas, 670 - Santana
90040-340 Porto Alegre RS
Fone (51) 3027-7000 Fax (51) 3027-7070

É proibida a duplicação ou reprodução deste volume, no todo ou em parte,
sob quaisquer formas ou por quaisquer meios (eletrônico, mecânico, gravação,
fotocópia, distribuição na Web e outros), sem permissão expressa da Editora.

SÃO PAULO
Av. Angélica, 1091 - Higienópolis
01227-100 São Paulo SP
Fone (11) 3665-1100 Fax (11) 3667-1333

SAC 0800 703-3444

IMPRESSO NO BRASIL
PRINTED IN BRAZIL
Impresso sob demanda na Meta Brasil a pedido de Grupo A Educação.

Dedico este livro a duas grandes mulheres: minha avó Alvarina e minha filha Patricia.

Minha avó ser humano virtuoso, lutador e generoso.

Minha filha que a cada dia me engrandece como mãe, mostrando-me as qualidades da minha avó.

AGRADECIMENTOS

À minha filha Patricia, por compartilhar as dores e as alegrias de nosso viver.

Ao Pedro, meu marido, por toda a dedicação e pelas madrugadas a fio em que esteve a meu lado na realização deste trabalho.

Aos meus pais, Álvaro e Neyva, por me terem ensinado o milagre do amor.

Às minhas irmãs Samira, Rosa Maria, Sonia e Regina, por serem verdadeiras amigas e pelas palavras de carinho a cada dificuldade.

À Profa. Dra. Tania M. J. A. Vaisberg, que, com sabedoria, conhecimento e sensibilidade, auxiliou-me a iluminar minha clínica.

À Profa. Dra. Elizabeth Mokrejs, minha amiga e orientadora, por todos esses anos de apoio, de incentivo e de orientação.

SUMÁRIO

Introdução 11

1 Fracasso escolar: um sintoma social da contemporaneidade 17

    Refletindo sobre o fracasso escolar: uma breve incursão 17
    A produção do fracasso escolar: Algumas teses 22

2 Pensando a escola: da consciência filosófica à modernidade e à formação de um sintoma social na contemporaneidade 29

    Introdução 29
    A criança pensada pelos filósofos da modernidade 31
    A criança no mundo ocidental 39
    A criança e a escola: a busca de um ideal imaginário 43
    A criança na história do Brasil 49
    A criança e a psicanálise 51

3 Sintoma escolar: uma questão de sentido e de direção 59

    Sintoma escolar: um mal-estar na cultura 59
    Especificidade do sintoma escolar 68
    Que verdade encerra o sintoma? 71

Do sintoma médico ao sintoma psiquiátrico:
a verdade da loucura. 71
Psicanálise freudiana e sintoma: o sintoma e sua verdade 79

4 A psicopatologia aproximando-nos do fenômeno em questão 87

O sofrimento humano à luz da psicopatologia 88
O caráter psicopatológico do ser humano 90
O sintoma escolar: a conduta em questão 96
A psicopatologia à luz de Winnicott 106
Psicopatologia como deficiência do meio 117

5 O sintoma escolar em sua singularidade: a prática interrogando a teoria 125

Introdução 125
Caso G.: um sintoma escolar que revela falha
na provisão ambiental 126
Recorrendo à psicanálise freudiana:
dois princípios do funcionamento mental 130
Buscando outro caminho 136
Fazendo uma síntese 141
Caso C.: um sintoma escolar como conduta defensiva 144
Informações preliminares 144
Buscando o sentido do sintoma 149
Considerações teóricas 151

CONCLUSÃO
**Tecendo um novo olhar sobre
o sintoma escolar** 157

Referências bibliográficas 167

INTRODUÇÃO

Este livro apresenta um estudo sobre o sintoma escolar considerado em sua dimensão social e em sua singularidade. A perspectiva de análise adotada inspira-se no paradigma pós-moderno e define-se por uma abordagem teórico-prática, com apresentação de casos clínicos que ilustram elaborações teóricas apoiadas na psicopatologia psicanalítica.

Para além da singularidade, apresenta, ainda, uma análise do papel da escola diante desse fenômeno particular, porém sintomático, do mundo em que vivemos. O meu objetivo é contribuir para uma maior aproximação dessa realidade que, ao mesmo tempo em que se impõe, nos escapa: o fracasso escolar.

É também fruto de um estudo profundo, apoiado em uma prática de 20 anos na clínica das dificuldades escolares, que resultou em desdobramentos teóricos com interfaces no social e no cultural, fundamentados na psicopatologia e psicodinâmica atuais.

Freud postulou a existência do inconsciente, lançando os fundamentos de uma disciplina capaz de iluminar a psicogênese do sintoma. Com base nos procedimentos do "pai da psicanálise", elaboramos este estudo sobre um sintoma que se apresenta com especificidade: ele é essencialmente mobilizador, determinado e valorizado culturalmente, e encontra condições de possibilidade em um sujeito psíquico singular, ou seja, embora determinado culturalmente, surge em certos tipos de personalidade. A especificidade do sintoma escolar interroga-nos sobre a relação de uma forma particular de psique com as características do mundo contemporâneo.

Como dissemos, a tessitura do estudo que resultou no presente livro foi determinada por nossa experiência clínica. A partir disso, diante do fenômeno empírico, interrogamo-nos sobre o alcance e os limites das teorias que fundamentam a prática psicopedagógica.

Focalizamos o sintoma escolar com base em diferentes perspectivas: análise do sintoma em sua determinação cultural, análise do sintoma no contexto da instituição escolar e análise do sentido do sintoma no contexto da singularidade individual, considerado com base na estrutura da personalidade.

O termo *sintoma* significa, nessa nossa abordagem, *um entrave que faz sinal*. Sinaliza que em nossa cultura a escola vai mal, a família sofre, a criança adoece. Assim, neste livro, a expressão *sintoma escolar* refere-se a todo tipo de entrave que leva ao fracasso escolar, seja decorrente de aspectos culturais, sociais, familiares, pedagógicos, orgânicos, intrapsíquicos, etc. É importante esclarecer que esses aspectos não existem de forma isolada, e com isso queremos dizer que não há nada que aconteça no âmbito de um desses aspectos que não interfira ou modifique todos os demais.

Assim, nesta obra, a categoria *sintoma escolar* abarca conceitos como dificuldades de aprendizagem escolar, problemas de aprendizagem escolar, distúrbios de aprendizagem escolar, problemas específicos da aprendizagem escolar, déficit de atenção, distúrbios de leitura, distúrbios de escrita, dislexia, distúrbios de conduta e outros.

O sintoma escolar e, conseqüentemente, o fracasso escolar impõe questões essenciais àqueles que se dedicam a seu estudo. São elas: sua *determinação cultural*, sua *urgência* e suas *condições de possibilidade na singularidade*.

Ao falarmos na *determinação cultural* do sintoma na aprendizagem, estamos referindo-nos ao papel da escola em sua ocorrência. Essa instituição objetiva responder a um ideal de educação e traz consigo a dimensão do impossível. Preparada para receber a criança ideal e tendo em vista responder às demandas narcísicas da humanidade, está fatalmente fadada ao fracasso.

Essa mesma trama que impõe à escola a dimensão do impossível determina a *urgência* na anulação de seus efeitos. Estruturada em torno de um conceito imaginário – a criança ideal –, projeta na criança real a culpa pela impossibilidade de concretização dos fins a que se destina. A criança que não aprende o que a escola determina suporta toda a rejeição destinada àqueles que questionam o ideal narcísico. Se, por um lado, o resultado do não-aprender em nossa cultura é uma imagem excessivamente desvalorizada de si mesmo e uma deterioração do eu; por outro, a condição biológica do ser humano é mais um agravante na urgência determinada pela natureza do sintoma. A maturação biológica é um fator que devemos considerar quando se trata de aquisições cognitivas, e a aprendizagem escolar está dialeticamente vinculada a aquisições dessa natureza. Enfim, o sintoma escolar traz consigo uma urgência, visto que a maturação biológica pode imprimir-lhe irreversibilidade orgânica, e a resposta do meio ao sujeito que o suporta, a marginalidade definitiva.

As condições de possibilidade desse sintoma na singularidade são também uma questão essencial, quando se pesquisam os problemas da aprendizagem escolar. Trata-se de compreendermos quais os aspectos da personalidade que resultam em uma predisposição para a formação desse sintoma. A compreensão dessa relação resgata a originalidade e a autonomia do sujeito e traz de volta a criança real, perdida na modernidade, justamente quando surge a noção de infância e a fantasia da criança ideal.

Pensar sobre o sentido desse sintoma nos coloca, então, questões fundamentais:

– Diante do peso da cultura, quais são as condições de possibilidade desse sintoma culturalmente determinado, ou seja, qual a natureza da relação psique-mundo que determina a formação desse sintoma da contemporaneidade?
– Qual a relação entre a singularidade, e a configuração do sintoma escolar?
– Qual deve ser o lugar destinado ao sintoma escolar no contexto da clínica?

Essas questões acabaram colocando em crise conceitos centrais de teorias que fundamentavam nossa prática clínica e levaram-nos a procurar na psicopatologia psicanalítica a compreensão de um sintoma tão marcadamente cultural.

Freud, diante do mistério neuroanatômico representado pelo sintoma histérico, foi levado a postular a existência do inconsciente, uma vez que as explicações da medicina de sua época não davam conta do fenômeno empírico. O "pai da psicanálise" mostra que o membro paralisado não é escolhido aleatoriamente; ele tem um sentido e cumpre uma função na história pessoal de cada um.

Da mesma forma, diante do sintoma escolar, fomos levados a perceber que existe um sentido particular dado pela singularidade individual e determinado pela estrutura de personalidade do sujeito, que encontra em nossa cultura condições e terreno fértil para a sua formação.

Assim, a prática leva-nos a considerar o alcance da teoria e a definir o método de pesquisa adotado. Apoiados nos casos clínicos e no paradigma científico pós-moderno, procuramos construir um instrumento de revisão crítica de alguns conceitos teóricos que vêm norteando a clínica dos problemas escolares.

Com base nessas considerações, foi-se dando a elaboração deste estudo, que na presente obra é apresentado em seis capítulos, escritos na forma de versões que iluminam nossa questão.

Apresento no Capítulo 1, "Fracasso escolar: um sintoma social da contemporaneidade", uma breve incursão na literatura que trata a questão do fracasso escolar, apontando as dicotomias decorrentes da postura científica que predomina na academia até os dias atuais.

O Capítulo 2, "Pensando a escola: da consciência filosófica à modernidade e à formação de um sintoma social na contemporaneidade", faz uma digressão histórico-filosófica com o objetivo de rastrear as vicissitudes de nossa cultura ocidental, que fizeram do problema da aprendizagem escolar um sintoma social.

O Capítulo 3, "Sintoma escolar: uma questão de sentido e de direção", é um estudo a respeito da especificidade do sintoma na aprendizagem escolar. Partindo da noção de sintoma do ponto de vista psicanalítico, buscamos seu sentido como uma criação particular, única de cada sujeito, que encontra em nossa cultura as condições de possibilidade de sua formação. Mostra que, quando o sintoma se apresenta como problema na aprendizagem escolar, encontra terreno fértil e ocupa uma posição privilegiada no mundo em que vivemos, definindo a direção da intervenção.

O Capítulo 4, "A psicopatologia aproximando-nos do fenômeno em questão", focaliza a origem filogenética do psiquismo e seu caráter psicopatológico com base nas formulações freudianas, passando, a seguir, ao estudo da personalidade e conduta do ser humano de uma perspectiva da psicopatologia psicanalítica.

O Capítulo 5, "O sintoma escolar em sua singularidade: a prática interrogando a teoria", analisa o sentido do sintoma escolar considerando os casos que motivaram o presente estudo e com base nos pressupostos da teoria do desenvolvimento emocional de Winnicott e da psicologia da conduta de Bleger. Neste capítulo, apresento dois casos que, por sua complexidade, considero exemplares. Foram chamados caso G. e caso C. Ambas as crianças nos foram encaminhadas em virtude de sua problemática escolar, com o pedido de intervenção psicopedagógica. G. chegou a nossa clínica com 6 anos e 11 meses, apresentando severas dificuldades na área da cognição, da linguagem e da motricidade. Havia ingressado na pré-escola naquele ano, e sua professora considerava-o deficiente mental, chegando a sugerir aos pais que procurassem uma escola especial para alunos deficientes. No entanto, ao longo do processo de intervenção, G. revelou-nos o sentido original de seu sintoma: uma forma de defender seu Eu do fracasso ambiental. C., por sua vez, uma garota de 11 anos, que cursava a 5ª série, chegou à clínica por exigência da escola, após ter agredido fisicamente a professora de matemática, grávida de sete meses. Seus pais traziam como queixa: comportamento agressivo, dificuldades na escrita e em matemática e problemas de relacionamento. O sintoma de C., muito mais do que indicar um entrave, revelava seu ser, uma singularidade que não encontrava outra forma de existir que não fosse na própria estrutura de seu sintoma. Fazia sintoma em relação à aprendizagem escolar, porque o saber escolar não lhe interessava; queria saber além, queria saber o não-sabido, estava procurando o impossível, aquela situação em que acreditou uma vez encontrar-se e supunha ser plena. A cada sessão, G. e C. levaram-nos a repensar a nossa clínica e a interrogar a teoria.

Além desses, ao longo do texto, são apresentados fragmentos de outros casos, que ilustram as formulações teóricas que fomos desenvolvendo a partir de nossas pesquisas.

Assim, em "Tecendo um novo olhar sobre o sintoma escolar", respondo então à pergunta: Em que circunstâncias um comportamento culturalmente determinado torna-se sintomático? Falo sobre as condições de possibilidade de uma forma de subjetividade que, diante do imaginário da pós-modernidade, opera o sintoma escolar.

Dessa forma, fui construindo *um novo olhar* sobre o *sintoma escolar*, que resulta do descentramento possibilitado pelos diferentes campos epistemológicos. Conseqüentemente, temos as teorias relativizadas e um desvelamento do fenômeno estudado.

Por fim, são apresentadas as *modificações operadas na prática,* ou seja, uma nova forma de atuar, em que não existe um manejo único, mas adaptações que visam a atender às necessidades de cada um e que dependem da experiência emocional do paciente. Como diz Winnicott (1982, p. 480) "aqui o trabalho terapêutico se liga àquele feito pelo cuidado infantil, pela amizade, pela fruição da poesia e atividades culturais em geral".

1 FRACASSO ESCOLAR: UM SINTOMA SOCIAL DA CONTEMPORANEIDADE

> Podemos esperar que, um dia, alguém se aventure na elaboração de uma patologia das comunidades culturais. (...) talvez possamos também nos familiarizar com a idéia de existirem dificuldades ligadas à natureza da civilização, que não se submeterão a qualquer tentativa de reforma. (Freud, 1980, v. 21, p. 169-170)

REFLETINDO SOBRE O FRACASSO ESCOLAR: UMA BREVE INCURSÃO

A necessidade de avançar nos estudos sobre o sintoma "fracasso escolar" no Brasil pode ser justificada com base em várias perspectivas: o sofrimento que causa à criança; os prejuízos que representa ao país; a necessidade de rever a teoria e a prática psicanalítica diante da natureza desse sintoma; enfim, a necessidade de repensá-lo à luz de paradigmas pós-modernos.

Nossa prática de quase 20 anos em uma clínica voltada para o tratamento de problemas escolares mostra que são graves as conseqüências desse sintoma na vida das crianças de nossa cultura e que lhes causam muito sofrimento. Por outro lado, nossa prática como supervisora de estágio na disciplina psicologia escolar e problemas de aprendizagem revela que é grande o número de crianças que padecem por causa desse sintoma contemporâneo, e não podemos ignorar o sentido desse fenômeno que insiste em nos interrogar. As crianças que chegam ao consultório ainda têm a chance de livrar-se das conseqüências dessa patologia do século. Contudo, em nosso país, milhares de crianças da rede oficial apresentam esse sintoma e não têm a mesma oportunidade.

A nossa experiência como supervisora de estágio, aliada à prática clínica, leva-nos à constatação de que pesquisar a questão do sintoma escolar é de fundamental importância, pois tem-nos mostrado o quanto a escola, o professor, a família e a própria ciência estão despreparados para a complexidade desse fenômeno.

A tradição científica tem contribuído com conhecimentos fragmentários a respeito da concepção de Homem e do processo de aprendizagem, e pouco tem contribuído para a compreensão do histórico fracasso escolar.

Nesse sentido, citamos os conhecimentos da psicanálise diante das pesquisas sobre o sintoma "fracasso escolar". Alertamos para a necessidade de ampliar a espacialidade e a temporalidade do trabalho psicanalítico, bem como a importância atribuída ao sintoma. O sintoma na aprendizagem escolar faz apelo ao psicanalista, a fim de considerar seus efeitos em face do universo sociocultural no qual é gerado. Sua especificidade coloca em crise conceitos centrais da teoria e interroga a prática. O trabalho analítico, teoricamente calçado, deve, entre outras coisas, levar-nos para além dos discursos ideológicos.

Segundo Cordié (1996, p. 17):

> O fracasso escolar é uma patologia recente. Só pôde surgir com a instauração da escolaridade obrigatória no fim do século XIX e tomou um lugar considerável nas preocupações de nossos contemporâneos, em conseqüência de uma mudança radical na sociedade (...) não é somente a exigência da sociedade moderna que causa os distúrbios, como se pensa muito freqüentemente, mas um sujeito que expressa seu mal-estar na linguagem de uma época em que o poder do dinheiro e o sucesso social são valores predominantes. A pressão social serve de agente de cristalização para um distúrbio que se inscreve de forma singular na história de cada um.

Compartilhamos da posição de Cordié e buscamos, neste trabalho, por meio de sucessivas aproximações teóricas, compreender as condições que possibilitam uma forma de subjetividade que produz esse sintoma culturalmente determinado, de forma a repensar a prática clínica de orientação psicanalítica, bem como a própria escola.

Analisando esse sintoma do ponto de vista social, podemos dizer que, embora muito se tenha estudado e discutido os problemas da educação brasileira, o fracasso escolar ainda se impõe de forma alarmante e persistente. O sistema escolar ampliou o número de vagas, mas não desenvolveu uma ação que o tornasse eficiente e garantisse o cumprimento daquilo que se propõe, ou seja, que desse acesso à cidadania.

A escola que surge com o objetivo de promover melhoria nas condições de vida da sociedade moderna acaba por produzir na contemporaneidade a marginalização e o insucesso de milhares de jovens. Ao longo deste trabalho, veremos que, na verdade, essa instituição está fundada em um ideal narcísico da humanidade e, como tal, está fadada ao fracasso. Embora os pressupostos de igualdade do Iluminismo há muito sejam concebidos como ideologia da classe dominante, ainda hoje estão presentes na essência da escola. Temos, então, de um lado, as idéias de liberdade herdadas do século XIX e, de outro, os princípios de disciplina decorrentes da tradição religiosa. Assim, a criança escolar vê-se aprisionada entre a sedução e a punição.

Vivemos em um país em que a distribuição do conhecimento como fonte de poder social é feita privilegiando alguns e discriminando outros. Precisamos buscar soluções para que a escola seja eficaz no sentido de promover o conhecimento e, assim, vencer problemas cruciais e crônicos de nosso sistema educacional: evasão escolar, aumento crescente de alunos com problemas de aprendizagem, formação precaríssima dos que conseguem concluir o ensino fundamental, desinteresse geral pelo trabalho escolar. Para tanto, é necessário superar os paradigmas científicos da modernidade e produzir conhecimentos que permitam maior compreensão desse fenômeno que desafia nossa clínica e preocupa educadores do mundo todo.

No Brasil, a escola torna-se cada vez mais o palco de fracassos e de formação precária, impedindo os jovens de se apossarem da herança cultural, dos conhecimentos acumulados pela humanidade e, conseqüentemente, de compreenderem melhor o mundo que os rodeia. A escola, que deveria formar jovens capazes de analisar criticamente a realidade, a fim de perceber como agir no sentido de transformá-la e, ao mesmo tempo, preservar as conquistas sociais, contribui para perpetuar injustiças sociais que sempre fizeram parte da história do povo brasileiro. É curioso observar o modo como os educadores, sentindo-se oprimidos pelo sistema, acabam por reproduzir essa opressão na relação com os alunos.

No mundo atual, os avanços tecnológicos e a complexidade da vida colocam para a escola o desafio de criar conhecimento, propiciar o processo de circulação, de armazenamento e de transmissão desse conhecimento. Cabe a ela, portanto, transmitir saberes acumulados e, ao mesmo tempo, impedir que as pessoas fiquem "submergidas nas ondas de informações, mais ou menos efêmeras, que invadem os espaços públicos e privados" (Delors,[1] 1998, p. 89). Ou seja, a escola, que não cumpriu minimamente as demandas da educação para o século XX, encontra-se totalmente despreparada para atender aos desafios do século XXI.

O relatório da comissão internacional formada pela UNESCO para refletir sobre educar, aprender e perspectivas para o século XXI afirma que, para que a escola possa fazer frente às demandas do próximo século, deverá estar apoiada sobre quatro aprendizagens fundamentais ao longo da vida, que funcionariam como pilares da educação:

- aprender a conhecer;
- aprender a fazer;
- aprender a conviver;
- aprender a ser.

Segundo o mencionado relatório, esses pilares, com suas respectivas aprendizagens, devem representar uma base comum para que a escola tenha uma atuação voltada para o desenvolvimento das potencialidades e capacidades dos educandos. Embora possam ser objetivos comuns à escola, as abordagens terão as diferenças e características próprias de cada região.

Podemos observar nesses estudos da UNESCO, bem como na literatura acerca de educação escolar, uma preocupação ingênua com o futuro e a eficácia da escola como instituição responsável pelo *desenvolvimento das potencialidades e capacidades do educando*. A escola está subordinada a um ideal imaginário de um mundo melhor. Trata-se, portanto, de refletir sobre uma *escola ideal*, quando, na verdade, a grande preocupação deveria ser o *ideal da escola*. Neste trabalho, procuramos refletir sobre o paradoxo da escola como instituição geradora de sofrimento psíquico que, ao mesmo tempo, põe-se a denunciar os mecanismos de aniquilação da infância, presentes em nossa cultura. Nesse aspecto, a escola é uma das instituições envolvidas na geração desse sintoma social da contemporaneidade, entendendo-se sintoma social não como uma epidemia, fruto da inoculação, por um grupo de indivíduos, do mesmo agente patógeno que lhes causa exatamente o mesmo mal; assim, um sintoma social é formado por sujeitos particulares que vivem de forma única os efeitos do social, ou seja, de uma rede discursiva que constitui a própria rede do coletivo. Um sintoma social, assim como o sintoma particular, é sustentado por uma fantasia. A interpretação de um sintoma social pode ser concebida para além da tarefa de sua identificação, como a indicação da fantasia que o sustenta.

Já em 1927, Freud (1980, v. 21, p. 15), em seu artigo "O futuro de uma ilusão", afirmava que:

> Em geral, as pessoas experimentam seu presente de forma ingênua, por assim dizer, sem serem capazes de fazer uma estimativa sobre seu conteúdo; têm primeiro de se colocar a certa distância dele: isto é, o presente tem de se tornar o passado para que possa produzir pontos de observação a partir dos quais elas julguem o futuro.

Esses estudos a respeito das demandas da escola para o futuro são, como disse Freud, resultado de uma *forma ingênua de experimentar o presente*. É preciso repensar a escola e a fantasia que a sustenta. Interrogarnos sobre o sentido desse sintoma social da contemporaneidade, o fracasso escolar, que encontra suas condições de possibilidade na singularidade de um sujeito que insiste em existir.

Esse quadro leva a uma imperiosa e urgente revisão dos fins da escola e, principalmente, do projeto educacional brasileiro. Pensar a escola do futuro sem ser ingênuo só é possível com base em uma perspectiva que considere, ao mesmo tempo, o contexto cultural e a dimensão da singularidade do sujeito. Tomando alguns discursos tradicionais ao campo da educação, observamos, conforme veremos adiante, que eles parecem comungar éticas muito próximas, fundamentadas, em sua essência, na tentativa constante de apreensão e domínio do real pela razão, ou seja, em uma perspectiva que não reconhece a verdade do inconsciente, ou, se a reconhece, ainda assim a ignora. Considerar a dimensão da singularidade do sujeito requer um referencial teórico que, estando fora (do campo da educação), possa pontuar algo de dentro, sem pretender transformar-se em instrumental pedagógico: o sujeito como sujeito desejante.[2]

Embora muitos estudiosos tenham-se debruçado sobre o fracasso escolar, a complexidade dessa problemática em termos do sujeito desejante requer ainda muitas pesquisas. A multiplicidade de fatores que estão envolvidos no fenômeno humano impõe, aos que se dedicam a estudar essa questão, a necessidade de focalizá-la de diferentes níveis epistemológicos, pois, como aponta Bleger (1989), a compreensão do fenômeno humano só é possível com base na integração de diferentes níveis e perspectivas de análise. Diante do fracasso escolar, é preciso adotar, urgentemente, a postura científica da pós-modernidade.

Tradicionalmente, cada área da ciência tem-se ocupado de um objeto de estudo. Assim, ao longo do século XX, foram sendo desenvolvidas teorias explicativas do funcionamento humano. Podemos citar Freud, que se debruçou sobre o inconsciente, Piaget, que por mais de 50 anos estudou a dimensão da inteligência, e outros que se aprofundaram nos recortes necessários para a construção do conhecimento científico acerca do homem. Nessa mesma tradição, ocorreram os estudos sobre a aprendizagem humana, formando, basicamente, dois grupos explicativos: as teorias que definem a aprendizagem por suas conseqüências comportamentais e as que enfatizam a aprendizagem como um processo de relação do sujeito com o meio externo que tem conseqüências no plano da organização interna do conhecimento.

Foi preciso estudar as partes para compreender o todo. Não poderíamos atingir o atual estágio de conhecimento sobre o Homem sem que cada dimensão do ser humano fosse destacada, recebesse o *status* de figura e fosse cuidadosamente estudada. Todavia, não perdemos de vista que cada um desses aspectos estudados separadamente faz parte de um todo indivisível, que constitui uma estrutura. Não há dúvida de que essa metodologia possibilitou maior facilidade na sistematização, tanto das investigações quanto da organização das idéias. Cumpre-nos, porém, hoje uma nova postura relativa à produção de conhecimento. As aproximações teóricas dos fenômenos estudados devem ser pensadas como interpretações relativas ao arcabouço conceitual com o qual o observador olha a realidade.

Nesse sentido, Bleger (1989, p. 11) diz que "as distintas escolas ou correntes contribuíram com conhecimentos fragmentários de uma única e mesma totalidade e que, quando cada uma delas acreditava ver o todo em seu segmento, deram lugar a teorias errôneas, distorcidas ou exageradas".

Para o autor, a solução de muitos problemas reside unicamente em recolocá-los na sua unidade original, visto que as distintas escolas ou correntes teóricas tomaram as partes de um processo como o todo, fazendo com que se acreditasse que captavam a realidade total.

Vivemos um momento em que algumas questões são imperiosas para a Ciência, pois são o compromisso com o equilíbrio "homem-natureza". O próprio avanço científico-tecnológico, gerado pelo ser humano, impõe um novo modo de viver, com novas exigências e novas patologias, desafiando os paradigmas da modernidade. O fracasso escolar é um desses desafios da contemporaneidade que nos impõe uma nova concepção de ciência: a ciência pós-moderna.

Como diz Boaventura Souza Santos (1999, p. 44), "a ciência pós-moderna é uma ciência assumidamente analógica que conhece o que conhece pior através do que conhece melhor".

Assim, buscando apreender o fracasso escolar segundo uma concepção pós-moderna, que o considere em sua rede de determinações, recorremos à ótica da psicanálise, para abordá-lo de seu lugar de sintoma. Embora o referencial teórico de base do nosso trabalho não seja a abordagem lacaniana, inspiramo-nos na visão do autor acerca da responsabilidade da psicanálise em relação à compreensão dos fenômenos humanos.

Em um esforço de explicitação dos deveres com os quais o psicanalista se defronta, Lacan (1991) introduz a distinção entre psicanálise em *intensão* e psicanálise em *extensão*. Na primeira, o psicanalista é chamado a dar conta daquilo que o qualifica a ocupar seu lugar na condução de uma cura, ou seja, a dar conta do processo de análise. Na segunda, o psicanalista depara-se com o dever de tornar a psicanálise presente no mundo, não no sentido de divulgá-la, mas de que aquilo que possa vir a ser obtido nela em intensão não se esgote no âmbito do indivíduo e possa iluminar o questionamento humano expresso em termos éticos, como a busca de uma verdade que oriente os sujeitos em seu agir.

A PRODUÇÃO DO FRACASSO ESCOLAR: ALGUMAS TESES

Tratar a questão do fracasso escolar como um sintoma coloca-nos a necessidade de uma incursão por sua história, a fim de que possamos compreender qual o papel da escola na trama que os seres humanos foram armando ao longo de sua existência, pois, ao pensarmos o fracasso escolar como um sintoma da contemporaneidade, defrontamo-nos com a questão de sua determinação cultural e com a singularidade do sujeito que o suporta.

Consultando a literatura sobre o fracasso escolar, constatamos que o campo das dificuldades escolares é marcado por concepções que sempre privilegiaram um aspecto do ser humano, desconsiderando a complexidade que a questão impõe. Verificamos que, em momentos distintos, prevaleceram concepções médicas, psicométricas e sociopolíticas.

As primeiras explicações dos problemas de aprendizagem resultam da medicina e, conseqüentemente, atribuem aos fatores biológicos as causas da problemática.

Conforme nos aponta Vial (1979) citado por Baeta (1988), os primeiros trabalhos sobre as dificuldades de aprendizagem escolar centravam suas explicações nas noções de congenitabilidade e de hereditariedade, atribuindo todas as perturbações que não fossem causadas por lesão cerebral a disfunções neurológicas ou a retardos de maturação imputados a um equipamento genético defeituoso.

Em nosso trabalho anterior,[3] afirmamos que no século XIX teve início o interesse por compreender e atender aos portadores de problemas de aprendizagem. Vimos, ainda, que a tradição de uma concepção organicista dos problemas de aprendizagem, que perdurou até bem recentemente em nosso país, deve-se, entre outras coisas, ao fato de terem sido os médicos os primeiros a preocuparem-se com os problemas de aprendizagem. Itard, Pereira, Seguin, Esquiral, Montessori, Claparède, Neville, Decroly foram educadores que marcaram profundamente o ideário pedagógico por um pensamento médico, visto terem essa formação (Bossa, 2000).

Posteriormente, por meio dos trabalhos de Binet e Simon, vivemos a era da psicometria. Binet, em 1904, na França, criou os primeiros testes de inteligência. A partir daí o fracasso escolar foi associado ao déficit intelectual, ou seja, um baixo QI, de forma que "boa aprendizagem e inteligência formavam, portanto, um binômio muito firme, e qualquer fracasso se relacionava, automaticamente, com debilidade mental" (Ocampo, 1994, p. 397).

Segundo Ocampo, o império da psicometria dificultou, durante muitos anos, a integração do estudo da personalidade, no plano profundo, com o das dificuldades de aprendizagem. Diz a autora (1994) que os poucos trabalhos que se destacam no sentido da integração das abordagens psicanalíticas com as dificuldades de aprendizagem são: os trabalhos de Melanie Klein sobre os efeitos da inibição da curiosidade no desenvolvimento intelectual de uma criança; os estudos de Rapaport sobre a inteligência e o pensar; o livro de G. Pearson, *Psicoanálisis y educación del niño*; e o livro de Isabel Luzuriaga sobre contra-inteligência, avanço muito valioso na dinâmica da não-aprendizagem.

Estamos de acordo com a autora, quando afirma que, no campo das dificuldades de aprendizagem, o que importa não é considerar apenas o potencial intelectual demonstrado pelo sujeito no momento do exame, mas também o potencial que possui e não pode usar. Nesse sentido, somente estudando a singularidade do sujeito podemos compreender o sentido do sintoma escolar.

Não temos dúvida de que a capacidade intelectual que uma criança evidencia diante de um teste pode ser apenas uma parte de seu real potencial. Como aponta Souza (1995), é possível que sérios conflitos bloqueiem as possibilidades de usá-lo. Em seu trabalho intitulado "Pensando a inibição intelectual", a autora mostra como muitas vezes o impedimento de um bom desempenho intelectual está vinculado a problemáticas afetivas. Em sua experiência, Souza constata que com base na elaboração de tais conflitos afetivos, o rendimento intelectual e escolar da criança melhora sensivelmente. Essa também tem sido nossa experiência, porém acrescentamos que, quando a elaboração desses conflitos demanda um tempo muito longo, o déficit no desempenho, que na origem era sintomático e, portanto, reversível, passa a ser definitivo. Quando o "sintoma dificuldade escolar" permanece por muito tempo, desafia as leis da programação biológica da maturação e torna-se parte da estrutura intelectual do sujeito. Por outro lado, é conhecida a expressão "o cérebro tem a função de ser como uma janela aberta para o mundo exterior". Logo, se os bloqueios causados por fatores afetivos prejudicam a relação com o meio externo, as estruturas biológicas vinculadas aos processos comunicativos também poderão alterar-se. Dito isto, fica claro que o conceito de QI como representação de um potencial inalterável é equivocado e que, em muitos casos, o QI modifica-se com a elaboração dos conflitos.

Por outro lado, não é suficiente ter uma grande inteligência para fazer uma boa aprendizagem escolar. A possibilidade de aprendizagem escolar está diretamente relacionada à estrutura de personalidade do sujeito. Para aprender o que a escola ensina, é necessário, além de outras coisas, uma personalidade medianamente sadia e emocionalmente madura, que tenha superado a etapa de predomínio do processo primário. Este implica a negação da realidade, a onipotência, a ausência de pensamento lógico, a inexistência de tempo e espaço. Um bom contato com a realidade externa, indispensável para a aprendizagem escolar, é condição de acesso ao processo secundário, com mecanismos de defesa mais evoluídos. Esses aspectos são abordados ao longo deste trabalho.

Pode-se dizer que o nível de maturação de um indivíduo para a aprendizagem depende do interjogo entre fatores intelectuais e afetivos, o equipamento biológico que traz ao nascer e as condições de comunicabilidade com o meio significativo.

Conforme dissemos, os problemas de aprendizagem, ao longo da história, foram explicados por concepções médicas, psicométricas e sociopolíticas.

No que se refere à abordagem sociopolítica dos problemas de aprendizagem escolar, podemos verificar que está implícita em boa parte das teorias explicativas mais atuais acerca do fracasso escolar em nosso país.

Patto, em *A produção do fracasso escolar: história de submissão e rebeldia*, afirma que o processo social de produção do fracasso escolar se realiza no cotidiano da escola e é o resultado de um sistema educacional congenitamente gerador de obstáculos à realização de seus objetivos. Para a autora, as relações hierárquicas de poder, a segmentação e a burocratização do trabalho pedagógico criam condições institucionais para a adesão dos educadores à simularidade, a uma prática motivada, acima de tudo, por interesses particulares, a um comportamento caracterizado pelo descompromisso social.

Diz Patto (1996):

> É nas tramas do fazer e do viver o pedagógico cotidianamente nas escolas, que se pode perceber as reais razões do fracasso escolar das crianças advindas de meios socioculturais mais pobres.

Collares (1989), por sua vez, afirma que o fracasso escolar é um problema social e politicamente produzido. Segundo a autora, é necessário desmistificar as famosas causas externas do fracasso escolar, pela articulação destas àquelas existentes no próprio âmbito escolar, relativizando e até mesmo invertendo as muitas formas de compreendê-lo, dentre as quais a atual caracterização do fracasso escolar como "problemas de aprendizagem", que dessa perspectiva seria pensado como "problemas de ensinagem", que não são produzidas exclusivamente dentro da sala de aula.

Os trabalhos de Patto (1987), Mello (1983), Brandão (1983), Collares (1989), que representam denúncia e protesto ao descaso de nossos governantes com a educação em nosso país, são de profunda relevância. É fundamental abordar a questão do fracasso escolar do ponto de vista dos fatores sociopolíticos, visto que dizem respeito à manutenção das más condições de vida e subsistência de grande parte da população escolar brasileira, e não podemos consentir que o discurso científico se preste a perpetuar tal estado de coisas.

Em nosso estudo, adotamos uma perspectiva que considera o fracasso escolar um sintoma social e o analisa no contexto individual, no contexto cultural e no contexto escolar. Não deixamos, evidentemente, de reconhecer os obstáculos à aprendizagem escolar decorrentes de fatores ideológicos presentes na organização do sistema educacional brasileiro.

No que se refere à escola, percorrendo a história dessa instituição, da modernidade aos dias atuais, podemos constatar a profunda relação entre os seus fins e a preparação para o trabalho. O tecnicismo pedagógico afina-se com os tempos atuais, quando a noção de infância está tensionada e dá mostras de poder desaparecer. Hoje, porém, busca-se melhorar a escola, introduzindo no ideário pedagógico a noção de afetividade. Esta sempre esteve e estará presente na relação pedagógica, pois não há relacionamento humano em que não esteja presente essa dimensão do Ser. No entanto, a questão de seu manejo é ainda um grande desafio para o educador. Nesse sentido, este livro tenta resgatar o verdadeiro sentido da afetividade no contexto da escolaridade.

As novas Diretrizes Curriculares para o Ensino Fundamental apontam a importância de o professor considerar o aluno em sua dimensão afetiva. Diz o texto:

> III – As escolas deverão reconhecer que as aprendizagens são constituídas pela interação dos processos de conhecimento com os de linguagem e os afetivos, em conseqüência das relações entre as distintas identidades dos vários participantes

do contexto escolarizado: as diversas experiências de vida de alunos, professores e demais participantes do ambiente escolar, expressas através de múltiplas formas de diálogo, devem contribuir para a constituição de identidades afirmativas, persistentes e capazes de protagonizar ações autônomas e solidárias em relação a conhecimentos e valores indispensáveis à vida cidadã.

Infelizmente, estamos muito longe de fazer desse discurso uma realidade para a maioria das crianças brasileiras. Faltam muitos ingredientes: vontade política, consciência crítica e, principalmente, conhecimento científico.

Como já foi mencionado, em nossa experiência com os professores da rede oficial do Estado de São Paulo, com muita freqüência ouvimos de professores perguntas como: "O que é que a gente faz com a *afetividade* em uma sala com 40 alunos?"; "De que forma podemos usar a afetividade para fazer o aluno aprender?" "Sabemos que temos de levar em conta a afetividade do aluno, mas de que jeito se faz isso?".

Essas e muitas outras perguntas levaram-nos à constatação de que existe uma enorme distância entre o discurso teórico e a prática pedagógica. E, mais grave ainda, todo avanço tecnológico do momento em que vivemos – Era da Clonagem – não garante o sucesso escolar. Embora não existam dúvidas a respeito da presença real da dimensão afetiva na prática pedagógica, este ponto é ainda um grande mistério para os professores.

Como diz Mrech (1999, p. 3), em um recente trabalho em que faz uma leitura do contexto escolar à luz da teoria lacaniana:

> Há um hiato entre a teoria e a prática pedagógica. A prática pedagógica fica sempre defasada em relação à teoria. A conseqüência é que há uma enorme imprecisão no campo pedagógico quanto à forma de atuar do professor.

Compartilhamos a posição da autora e entendemos que a razão desse hiato deve-se às concepções filosóficas sobre as quais estiveram assentadas as teorias da educação. Veremos no capítulo a seguir que a prática pedagógica sempre esteve articulada a uma pedagogia, que nada mais é que uma concepção filosófica da educação, concepção na qual educar sempre foi sinônimo de disciplinarizar.

O fracasso escolar visto como um sintoma social da contemporaneidade transcende as instituições particulares no seio das quais foi estruturada a singularidade do sujeito psíquico e leva-nos a perguntar pela lógica inconsciente de nossa época, subjacente e fundante de um modo de ser que atravessa a História, todo o tecido social e todas as instituições.

NOTAS

1. A UNESCO convidou uma comissão internacional de 14 personalidades de todas as regiões do mundo para refletirem sobre o educar, o aprender e

as perspectivas para o século XXI; daí surgiu o Relatório Jacques Delors, presidente dessa Comissão, em um trabalho realizado entre 1993 e 1996.
2. Desejo, na linguagem psicanalítica, é desejo inconsciente, ou seja, é a busca de satisfação de fantasias, nem sempre conscientes; logo, sujeito desejante é sujeito do inconsciente.
3. BOSSA, N. A. *A psicopedagogia no Brasil: contribuições a partir da prática*. 2. ed. Porto Alegre: Artmed, 2000. Trabalho apresentado originalmente como dissertação de mestrado em Psicologia da Educação na PUC/SP, em 1993.

2 PENSANDO A ESCOLA: DA CONSCIÊNCIA FILOSÓFICA À MODERNIDADE E À FORMAÇÃO DE UM SINTOMA SOCIAL NA CONTEMPORANEIDADE

> Duvidemos suficientemente do passado para imaginarmos o futuro, mas vivemos demasiadamente o presente para podermos realizar nele o futuro. Estamos divididos, fragmentados. Sabemo-nos a caminho, mas não exatamente onde estamos na jornada. (Souza Santos, 1999, p. 58)

INTRODUÇÃO

A incursão pela história das idéias de nossos antepassados é condição para estudar o presente e planejar o futuro. Não poderíamos deixar de buscar as implicações filosófico-educacionais presentes na tradição cultural do Ocidente, a partir do período medieval, mais precisamente da modernidade, se quiséssemos efetivamente analisar o presente com vistas ao futuro. A história da cultura ocidental revela-nos que a educação sempre esteve intimamente vinculada à teoria produzida, tanto no âmbito da filosofia como no das ciências humanas em geral. É seguindo a trilha dessa viagem histórica que vamos nos aproximar da dimensão cultural do sintoma escolar, uma vez que a pedagogia é profundamente marcada pela filosofia da modernidade.

Já nos ensinava Paulo Freire que a educação deve levar em conta principalmente a vocação ontológica do homem, que é tornar-se sujeito, situado no tempo e no espaço, visto que vive em uma época, em um lugar e em um contexto social e cultural preciso.

Sem essa reflexão, corremos o risco de adotar métodos educativos que reduzem o homem à condição de objeto, ou seja, uma projeção de representações deterioradas que temos dele. Embora o nosso objetivo não seja propor métodos educativos, tratamos do exame de uma questão diretamente vinculada à educação que só tem sentido se analisada à luz de suas implicações histórico-culturais. Se faltasse uma análise do meio cultural, poderíamos contribuir para uma educação pré-fabricada e castradora.

Para Freire, não existem senão homens concretos, situados no tempo e no espaço, inseridos em um contexto socioeconômico, cultural e político, enfim, em um contexto histórico. Considerando-se essa proposição, a educação, para ser válida, deve levar em conta necessariamente tanto a vocação ontológica do homem, ou seja, sua vocação para ser sujeito, quanto as condições nas quais ele vive. Segundo Freire, o homem chegará a ser sujeito através da reflexão sobre seu meio concreto: quanto mais reflete sobre sua realidade, sobre sua própria situação concreta, mais se conscientiza e se compromete a intervir na realidade para mudá-la.

O homem é um ser que possui raízes espaço-temporais: é um ser situado no mundo e com o mundo. É um ser da práxis, compreendida como ação e reflexão dos homens sobre o mundo, com o objetivo de transformá-lo.

Luckesi (1990), ao tratar da relação entre educação e filosofia, diz que não é a prática educacional que estabelece seus fins. Quem o faz é a reflexão filosófica sobre a educação, dentro de uma sociedade.

Mannoni (1988), em *Educação impossível*, afirma que as crianças padecem pelo fato de a educação ser perversa, resultado de uma emboscada que o ser humano criou para si. Diz a autora que os adultos, colhidos no drama de sua própria história, são afetados pelos paradoxos do universo que criaram e, por não conseguirem fazer sua leitura, tornam-se estranhos à "emboscada" em que foram colhidos:

> Embora as relações do homem com o seu semelhante estejam marcadas, como destaca Lacan, pelo cunho de uma divisão original que é responsável pelas tensões agressivas e a rivalidade homicida presentes em todos os vínculos com outrem, nem por isso se pode abstrair do contexto socioeconômico e político em que essas relações têm lugar. (Mannoni 1988, p. 23)

Em "Uma educação pervertida", capítulo inicial da obra *Educação impossível*, de Mannoni, a autora discute o fato de a educação não ser decorrência apenas da condição pessoal de pais e educadores, enfim dos adultos em geral, mas também de um contexto socioeconômico e político. Dessa forma, não obstante as relações humanas sejam marcadas pelo inconsciente, hoje os psicanalistas reconhecem a importância do contexto para compreender o homem. O estudo do sintoma escolar não pode, portanto, ser realizado sem considerar a dimensão coletiva.

Para demonstrar suas idéias, a autora citada apresenta três casos clássicos expostos por Freud ("Pequeno Hans", "O caso Dora" e "Presidente Schreber"), nos quais o "pai da psicanálise" discute o sintoma e o conflito, sem, no entanto, relacionar os casos ao contexto cultural de sua época. Vejamos o que diz a autora sobre o interessante caso conhecido como "Presidente Schreber".

Daniel P. Schreber era filho de um célebre médico reconhecido por suas obras sobre anatomia, fisiologia, higiene, cultura física e pedagogia. Em virtude de sua autoridade, o pai exerceu grande influência sobre médicos, educadores e pais e pôs em prática, em seu próprio lar, as teorias educativas que produziu. Ocorre que Daniel P. Schreber, filho de pai excepcional, segundo a visão das autoridades da época, revelou-se um psicótico. Mannoni questionando a interpretação de Freud acerca da problemática de Schreber pergunta: ele seria ou não um produto da educação recebida?

A autora (1988) critica o posicionamento de Freud, afirmando que se trata de "estabelecer os efeitos de um tipo de educação que, na sua época, foi apontada ao mundo como sendo a própria imagem exemplar de uma educação ideal" (p. 24).

Assim como Mannoni, partilhamos da posição lacaniana de que as relações do homem com o seu semelhante são determinadas pelo inconsciente e que essas mesmas relações são também determinadas pelo contexto socioeconômico, político e, acrescentamos, cultural.

Dessa maneira, apresentamos o conceito de criança na filosofia e na história, a partir da Idade Média, e explicitamos as relações com a pedagogia, ou seja, mostramos como a educação foi, e continua sendo, marcada por seu tempo.

A CRIANÇA PENSADA PELOS FILÓSOFOS DA MODERNIDADE

Ao enveredar-se pelo pensamento filosófico, o homem ocupou-se com a reflexão: "O que é a realidade?". Essa indagação contrapõe-se ao mito e às aparências e busca o real, procura permanente na história da especulação humana. Para Chaui (1999), a filosofia, ao nascer, tem um conteúdo preciso: ela é uma cosmologia, ou seja, nasce como conhecimento racional da ordem do mundo ou da natureza.

Relativamente ao mito, Chaui (1999) afirma que ele é uma narrativa sobre a origem de astros, da Terra, dos homens, das plantas, dos animais, do fogo, da água, dos ventos, do bem e do mal, e que para os gregos ele se configura como um discurso proferido para ouvintes que recebem como verdadeira a narrativa; uma história baseada na autoridade e confiabilidade do narrador. E o mais importante: a autoridade do narrador advém de ter testemunhado diretamente o que narra ou de ter recebido a narrativa de quem testemunhou os acontecimentos apresentados.

O período pré-socrático ou cosmológico, início da filosofia, ocupou-se, como dissemos, da explicação racional e sistemática da origem, da ordem e da transformação da natureza, da qual o homem faz parte. Dessa forma, "ao explicar a natureza, a filosofia também explica a origem e as mudanças dos seres humanos" (Chaui, 1999, p. 35). Da questão "O que é a realidade" surgem duas respostas: o real é *physis*,[1] e o real é o ser. A primeira resposta é jônica e inaugura a filosofia como cosmologia. A segunda é eleática e define os rumos da filosofia como ontologia:

> A Filosofia nasce da admiração e do espanto, dizem Platão e Aristóteles. Admiração: Por que o mundo existe? Espanto: Por que o mundo é tal como é?. (Chaui, 1999, p. 209)

Desde o seu início, a filosofia ocupou-se de questões como: O que existe? Por que existe? Como é isso que existe? Por que e como surge, muda e desaparece? Essa busca de explicação racional para a origem do mundo constitui a cosmologia, que é a procura de um princípio que causa e ordena tudo da natureza, busca de uma força natural perene e imortal, chamada *physis*. Era, portanto, a cosmologia uma física. Já o estudo do Ser enquanto ser é chamado filosofia primeira, ou metafísica, ou ontologia. Para Chaui (1999), ontologia significa "estudo ou conhecimento do Ser, dos entes ou das coisas tais como são em si mesmas, real e verdadeiramente".

Os primeiros filósofos não se preocupavam explicitamente se podemos ou não conhecer o Ser, visto que partiam da pressuposição de que podemos conhecê-lo. A verdade era tida como manifestação das coisas para nossos sentidos. Ora, como o Ser está manifesto e presente, podemos conhecê-lo. Já na modernidade, a questão é outra. Em vez de indagarem pelo real, os filósofos querem saber: "Como é possível o conhecimento (do real)?". Trata-se de "compreender e explicar como os relatos mentais – nossas idéias – correspondem ao que se passa verdadeiramente na realidade" (Chaui, 1999, p. 115). Portanto, os modernos situam o sujeito entre o saber e o real.[2] Assim, surge um novo entendimento do existente e uma nova noção de verdade. Se para os antigos o existente é presença, para os modernos é representação.[3] Logo, a referência dos modernos, quando falam do real, desloca-se para o plano subjetivo. É nesse sentido que a modernidade é o tempo da subjetivação do mundo.

A filosofia moderna é marcada pelo progressivo desinteresse pela metafísica e grande atenção aos problemas gnosiológicos, políticos e éticos. No século XVII, a questão do método e a do valor do conhecimento dominam a filosofia. Daí originam-se dois movimentos filosóficos: o racionalismo e o empirismo. O primeiro, cujos expoentes são Descartes e Spinoza, credita à razão todo o poder de conhecimento e nega qualquer valor à experiência sensível. Já o segundo, que tem como principais filósofos Locke, Berkeley e Hume, afirma que o conhecimento humano apóia-se somente na experiência sensível. No século XVIII, Voltaire, Rousseau, Newton são os representantes do Iluminismo, que defende a unificação da herança do racionalismo e do empirismo.

Descartes (1987, p. 68), buscando uma verdade indubitável, inicia suas meditações pela dúvida metódica. Para explicá-la, recorre ao artifício de supor a presença do gênio maligno, cuja função seria a de alimentar a hipótese do pensamento como um conjunto de falsidades. A primeira verdade indubitável, segundo Descartes (1987, p. 69), tem origem na própria reflexão:

> Para que o gênio maligno me engane, é necessário que eu, enquanto estou sendo enganado, me mantenha pensando e disso tenho certeza. Penso, logo sou – eis a primeira verdade.

Uma evidência, portanto, de ordem intelectual, que põe o homem no centro de seu interesse. Assim, Descartes põe a filosofia na rota da preocupação com o conhecimento, indicando o que mais tarde viria a ser uma tendência de redução da filosofia à epistemologia;[4] a reflexão do filósofo também delineia a figura do sujeito, isto é, caracteriza a subjetividade moderna em torno do pensamento.

Desde o início de seu *Discurso sobre o método*, o filósofo ocupa-se da importância do método para a ciência. Para ele, a faculdade de julgar e de distinguir o verdadeiro do falso (bom-senso ou razão) é igual para todos os homens. Não haveria homens mais inteligentes que outros, mas apenas caminhos diferentes trilhados por uns e outros.

O caminho mais apropriado para estabelecer o valor do conhecimento é o da dúvida. Todos os conhecimentos deveriam ser submetidos à dúvida até que aparecesse o absolutamente certo. Assim, a dúvida constitui o método adequado para a descoberta da verdade. Os conhecimentos obtidos por meio dos sentidos seriam os primeiros a serem deixados de lado, visto que eles costumeiramente nos enganam.

Descartes, citado por Chaui (1996, p. 116), afasta a experiência sensível, ou o conhecimento sensível, do conhecimento verdadeiro, que é puramente intelectual, e localiza a origem do erro em duas posturas, que chamou de atitudes *infantis*:

> A prevenção, que é a facilidade com que nosso espírito se deixa levar pelas opiniões e idéias alheias, sem se preocupar em verificar se são ou não verdadeiras.
>
> A precipitação, que é a facilidade e a velocidade com que nossa vontade nos faz emitir juízos sobre as coisas, antes de verificarmos se nossas idéias são ou não são verdadeiras. São opiniões que emitimos em conseqüência da nossa vontade de ser mais forte e poderosa do que nosso intelecto.

A prevenção e a precipitação, portanto, seriam duas ações humanas que marcam a falta de amadurecimento intelectual e estariam vinculadas a um estágio da vida do homem, ao que parece, nem sempre superado.

O autor de *Discurso sobre o método* vê o homem como uma mistura de corpo e alma, condição esta responsável pelas idéias confusas, isto é, imersão do homem no erro, e acredita que, pela ascese das meditações, ele pode elevar-se à condição de sujeito, de pura *res cogitans*.

Para Descartes (1987, p. 38), por ter nascido criança, a alma humana está condenada a uma espécie de aprisionamento. Entende que o fato de termos sido crianças manteve-nos, durante muito tempo, sob o governo de apetites e de preceptores, sob o jugo do corpo e da cultura. Assim, uma vez adultos, nossos juízos não são tão puros e tão sólidos quanto seriam se tivéssemos usado a razão por inteiro desde o nascimento, e se tivéssemos sido conduzidos só por ela. Afirma Descartes (1987, p. 38):

> A primeira e principal causa dos nossos erros são os preconceitos de nossa infância. Trata-se de substituir o homem à criança. A infância seria um estado originário – com valor meramente histórico – de recalque da razão. Assim, não seria pela história que o homem abandona a condição infantil e chega à idade adulta, mas, sim, pela filosofia...

Descartes assevera que o erro é decorrência dessas duas características do ser humano, chamadas por ele de atitudes infantis: a prevenção e a precipitação. Logo, a condição infantil seria a causa do erro e deveria ser superada pela filosofia. O conhecimento sensível (próprio da criança) teria de ser afastado. Da mesma forma, o conhecimento armazenado na memória do adulto, resultado da *prevenção* (que ocorreu na infância), precisa ser esquecido, visto que é constituído por meio de outros adultos e está cristalizado em nós, impedindo-nos de pensar e de investigar. Aqui, portanto, há a negação da infância, origem de preceitos educativos e pedagógicos que visam a transformar a criança no adulto ideal.

Nesse período, acredita-se que a razão humana é capaz de conhecer a origem, as causas e os efeitos das paixões e emoções. A vontade, orientada pelo intelecto, pode governá-las e dominá-las. A vida ética pode ser plenamente racional. Veremos no próximo capítulo que, junto com o nascimento da razão, surge também a loucura, ou seja, a desrazão. Descartes não foi o produtor da loucura; ele apenas situou no âmbito do discurso filosófico uma realidade que transcendia esse discurso e da qual ele próprio era um dos registros. O ponto mais significativo a ser destacado na visão cartesiana da loucura é que, segundo ela, a loucura não atingia o pensamento, mas apenas o homem. Não havia, de acordo com Descartes, um pensamento louco. *Loucura* e *pensamento* eram dois termos que podiam ser definidos por exclusão, visto que o pensamento era exatamente o que, por ser regulado pela razão, opunha-se à loucura. O homem pode ficar louco, o pensamento não. Ficar louco significa exatamente perder a racionalidade.

Como loucura e infância são concebidas como um obstáculo terrível ao desenvolvimento da natureza humana, o mundo reserva-lhes um doloroso destino. A psiquiatria, a psicolgia e a pedagogia encarregam-se de seus fundamentos.

O humanismo cartesiano, procurando a transformação do sujeito em sujeito do conhecimento, atribui à infância um peso negativo. Ela deveria ser superada, para que houvesse uma grande reforma humana.

Ao cartesianismo segue-se o Iluminismo, época particularmente marcada pela crença nos poderes da razão (Razão Triunfante). A ilimitada confiança na razão humana leva o homem a pensar-se capaz de superar os mistérios da realidade e a admitir que é possível tornar os homens melhores e felizes, desde que iluminados e instruídos. O Iluminismo é, antes de tudo, um antropocentrismo, uma crença ilimitada na natureza humana, considerada em seus caracteres universais e não-individuais. O Iluminismo será definido como a saída da condição de *menoridade*.

Essa noção de superação da infância, ou da menoridade, vai-se alterando no transcorrer da história. E a forma de conhecer, que está na base dessa questão vista pela filosofia, encontra diferentes pensamentos: se para Descartes, o conhecimento sensível (isto é, sensação, percepção, imaginação, memória e linguagem) é a causa do erro e deve ser afastado, para Locke, o conhecimento realiza-se por graus contínuos, partindo da sensação até chegar às idéias.

Essa diferença de perspectiva estabelece as duas grandes orientações da Teoria do Conhecimento, conhecidas como racionalismo e empirismo. Para o *racionalismo*, a fonte do conhecimento verdadeiro é a razão que opera por si mesma, sem o auxílio da experiência sensível e controlando a própria experiência sensível. Para o *empirismo*, a fonte de todo e qualquer conhecimento é a experiência sensível, responsável pelas idéias de razão, que controla o trabalho da própria razão.[5]

Dessa perspectiva, diferentemente dos séculos XVI e XVII, o século XVIII é marcado por uma nova noção de infância. Se antes a infância era vista como obstáculo ao pensamento especulativo, já que maculava a razão, no século XVIII passa a ser a "menina dos olhos" do pensamento de Rousseau (1979).

Tanto para Descartes como para Rousseau, o que importa é o amor à verdade, como atividade nuclear da filosofia. No entanto, se para Descartes a evidência é exclusivamente intelectual, para Rousseau, ela depende da sinceridade do coração.

Para Rousseau, o homem nasce bom, mas a sociedade corrompe-o. A sociedade seria dominada por uma civilização artificial, em que predomina a razão, não a natureza humana. A educação deveria iniciar-se com o desenvolvimento das faculdades sensitivas, visto que as primeiras faculdades que se formam no homem são os sentidos, que, por isso, devem ser cultivados antes de tudo.

Tendo seu critério de verdade assentado no coração, a verdade torna-se algo exclusivo da intimidade. A tarefa do educador seria explicar à criança como é o coração do homem após a perversão causada pela sociedade corrompida e como ele era bondoso em sua origem. No coração, não há perversidade – afirma Rousseau, em *Emílio* –, portanto, a subjetividade íntima melhor se apresenta na infância. Assim, se para Descartes a infância é uma ameaça à filosofia, com Rousseau ela é o estado filosófico por excelência, já que não se encontra corrompida pelas convenções sociais.

Esses distintos critérios de verdade levam a diferentes concepções de subjetividade: a subjetividade cartesiana, dada em forma de estrutura asséptica do sujeito do conhecimento que representa a postura iluminista, e a subjetividade rousseauniana, dada pela noção de subjetividade que representa um romantismo *avant la lettre*.

O objetivo da *pedagogia iluminista* é a universalidade do sujeito que, livre da memória e da cultura, poderá construir o conhecimento puro, mito de neutralidade do sujeito diante do conhecimento e, portanto, mais próximo da verdade. A *pedagogia romântica* de Rousseau quer ver o homem como pessoa harmoniosamente desenvolvida, capaz de um autêntico sentimento da verdade.

No século XIX, as idéias do Iluminismo vão mostrando seus limites e começam a dar lugar às instâncias espirituais que ele ignorara ou reprimira. Inicia-se um período em que se exalta o irracional e o espontâneo existentes no espírito humano, o poder dos sentimentos e a força da tradição. Esses valores constituem um novo movimento, o Romantismo, que afirma ser o reino da natureza maior e mais autêntico que o da cultura. Enquanto o reino da natureza é sereno e restaurador, o da cultura é repleto de angústias e iniqüidades. Os românticos propõem substituir a concepção mecanicista da natureza, própria do Iluminismo, pela imagem de um universo animado, inesgotável de poder criativo. Afirmam que o sentimento e a fantasia são capazes de perceber dimensões da realidade que escapam à razão.

Rousseau, embora iluminista, já sustentava que o radicalismo racionalista não assegurava ao homem prosperidade nem felicidade. Para alcançá-la, o homem deveria guiar-se pelo sentimento e pela intuição.

Entre os românticos, destacam-se Fichte, Schelling, Hegel. Fichte propaga um idealismo prático e moral, pois a sua preocupação não é com o pensamento especulativo, mas com um problema prático: qual é a missão do homem? Em seguida, ocupa-se com as condições para que o eu possa existir. Assim, a essência do eu, para ele, não consiste em conhecer, mas em querer; o mundo não seria um objeto do conhecimento, mas um obstáculo a superar. Dois seriam os sistemas filosóficos: o primeiro seria representado pelo dogmatismo que afirma a existência da coisa em si. Esta seria a realidade fundamental, que existe independentemente do pensamento. O segundo é representado pelo idealismo, que considera o eu como a realidade última, a causa das idéias. As coisas só existem enquanto pensadas. O dogmatismo seria escolhido pelos que têm consciência filosófica ingênua; para esse sistema, a mente é um espelho que reproduz a realidade das coisas externas. Já uma consciência filosófica madura prefere o idealismo, visto que ele assegura a liberdade e a independência do eu. Para Fichte, que escolheu o idealismo, quando se diz que alguma coisa é, não se deseja referir-se ao ser em si, mas apenas ao ser para nós. Assim, a consciência é o fundamento do ser.

Schelling admite que nem o dogmatismo e nem o idealismo oferecem condições para resolver o problema da relação entre sujeito e objeto, entre o eu e o não-eu (mundo). Afirma que o absoluto é a síntese dos opostos, ou seja, do eu e da natureza, do sujeito e do objeto.

O princípio supremo da filosofia seria o eu puro e absoluto, eu enquanto ainda não-condicionado pelos objetos, mas posto pela liberdade. Schelling entende o absoluto como fusão perfeita de todos os opostos, eu e natureza, ideal e real, sujeito e objeto.

Hegel, por sua vez, "considerou que as idéias só seriam racionais e verdadeiras se fossem intemporais, perenes, eternas, as mesmas em todo tempo e em todo lugar" (Chaui, 1996, p. 80). Dessa forma, a razão seria histórica, visto que a mudança, a transformação da razão e de seus conteúdos, é produto racional da própria razão. Ela não seria nem exclusivamente razão objetiva, em que a verdade estaria no objeto, nem exclusivamente subjetiva, em que a verdade estaria no sujeito, mas unidade do objetivo e do subjetivo.

Examinando como se deu a passagem do pensamento moderno para o contemporâneo, podemos afirmar que, se a modernidade delineia a subjetividade no percurso de busca da verdade, o pensamento contemporâneo, por sua vez, deixa de lado tal problemática, que para Nietzsche, é uma obsessão que já deveria ter-se extinguido, voltando os olhos para o sujeito, para a própria subjetividade, que passa a constituir um dos objetos da crítica filosófica. Desse modo, as relações entre subjetividade, infância e pedagogia reordenam-se, ganhando contornos inusitados. É possível falar então em *crise* dessas noções e afazeres no mundo contemporâneo, que endereçam as indagações humanas para concepções de normalidade e sintoma, objetos do Capítulo 4 deste livro.

O pensamento moderno, no que se refere à questão da subjetividade, limita-se cronologicamente com Marx e Nietzsche; o primeiro, porque põe entre a consciência e o mundo a ideologia, e o segundo, porque questiona a unidade da consciência tomada não mais como solução, mas como problema.

Enquanto se ocupa da busca da verdade, a subjetividade moderna identifica-se com um indivíduo, enquanto *eu* psicológico, referido a uma instância superior – o sujeito do conhecimento ou a consciência moral, a pessoalidade. Os contemporâneos estão menos interessados nessa divisão do que em criticar a realidade dessa unidade denominada subjetividade. Para Adorno e Foucault, leitores de Marx e Nietzsche, em nossos tempos a subjetividade já não é tomada como solução, mas como problema.

Em Adorno (1992), a subjetividade é pensada sob o prisma de uma análise social em que o indivíduo autônomo, isto é, o indivíduo enquanto sujeito de seus pensamentos e atos – próprio da modernidade liberal – está extinto na sociedade atual. Se se pensa na família burguesa tradicional, diz

Adorno, deve-se conferir algum poder econômico, e muitas vezes político ao pai, do qual se entende derivar seu respeito na sociedade e, internamente, perante esposa e filhos. Corresponde a esse tipo de família uma necessária insurreição dos filhos, que, ocorrendo em algum nível de intensidade variável, é partícipe da construção de suas individualidades. Ora, se se pensa na família contemporânea, continua Adorno, sabe-se que ela participa bem menos da formação do indivíduo. O pai, não possuindo a mesma mobilidade que lhe confere o horizonte liberal, já não é digno de um enfrentamento dos filhos na disputa do amor da mãe, o que resultaria, entre outras coisas, na impossibilidade do complexo de Édipo e na impossibilidade da estruturação da personalidade individual. Em suma, o mundo contemporâneo, atingindo dessa forma a infância, já não estaria apto a gerar indivíduos autônomos. Assim, segundo Adorno, o sujeito em si já não existe, embora continue existindo enquanto sujeito para si; isto é, na falta de uma nova subjetividade, o homem continua juntando suas experiências individuais à sua velha noção de sujeito – o indivíduo seguro de sua autonomia –, mesmo que se saiba o quanto essa noção é uma fantasia em um mundo em que a autonomia é impossível.

Para Roudinesco (2000, p. 14):

> Assim, a era da individualidade substitui a da subjetividade: dando a si mesmo a ilusão de uma liberdade irrestrita, de uma independência sem desejo e de uma historicidade sem história, o homem de hoje transformou-se no contrário de um sujeito.

Foucault (1989, p. 183-184), por sua vez, vê o sujeito como uma exigência do discurso, ou como resultado momentâneo de dispositivos disciplinares, ou, ainda, como produto de práticas de controle; a escola e o hospital psiquiátrico são excelentes exemplos de tais práticas, ou melhor, constituem agências disciplinadoras e controladoras. Em qualquer desses casos, não pressupõe uma instância unitária – psíquica, social ou de qualquer outro tipo – como um proto-sujeito. Foucault não pensa em qualquer instância substancial, perene, que se faça passar por sujeito, seja ela a instância dos instintos, da imaginação, do corpo, ou a unidade do ser humano. O indivíduo também não é, como se poderia pensar à primeira vista, o *outro* do poder; dessubstancializando ambos, vê o segundo como uma rede, e o primeiro não como um átomo sobre o qual o poder se aplicaria, mas como resultado momentâneo produzido por seu atravessamento. O indivíduo do qual fala o humanismo liberal é visto por Adorno como algo que se torna mera ideologia; para Foucault, ele é menos que isso – é um erro.

Assim, a noção do homem como senhor de suas próprias idéias e atos, dados a si mesmo em perfeita transparência, é considerada ora como *mera ideologia* – quando Adorno diz que a subjetividade referida a esse conceito de homem existe para si, mas não mais em si –, ora como ficção, ora mesmo como um erro – quando Foucault desconsidera qualquer instância unitária na qual a subjetividade possa ganhar perenidade (Honneth, 1983, p. 171-181).

Dessa forma, a filosofia social adorniana, ao denunciar a inexistência do mundo liberal, observa que as instâncias de produção da subjetividade, que conhecemos como instâncias de produção do indivíduo autônomo, não encontram substitutos no mundo contemporâneo e estabelecem uma nova situação na qual o destino da criança é tornar-se o adulto infantilóide à medida que, na infância, a criança não se confrontou com as resistências necessárias à conformação de sua personalidade individual. Nesse sentido, podemos dizer que, no mundo contemporâneo, a infância desaparece, isto é, ela não *acontece*, e, com isso, tampouco é possível uma subjetividade calcada na noção de autoria e de responsabilidade.

Para a filosofia social inspirada em Foucault, por sua vez, a infância não desaparece, visto que, podemos dizer, nunca existiu de forma substancial. Ela teria sido, sempre, isto é, desde o advento da modernidade, quando dela se começa a falar, um feixe de técnicas e procedimentos – pediátricos, pedagógicos, psicológicos, etc. – que revelam apenas o *exercer* do poder, de modo que, se tirarmos cada uma dessas técnicas do feixe, como em um jogo de palitos, o que resta é o vazio.

Em ambos os casos, lendo Adorno ou Foucault, a pedagogia fica atônita e quer voltar à crença de que a criança possui uma *natureza* sobre a qual se exerce a educação. Nesse sentido, a pedagogia considera essas filosofias como a antipedagogia por excelência – e talvez aqui os educadores tenham razão. Eles não se conformam com a idéia da impossibilidade da educação como instância de produção de indivíduos como sujeitos e pessoas.[6]

Podemos notar, então, que, se a noção de infância é um elemento interno indispensável à construção da subjetividade, na versão iluminista ou na versão romântica, sua relação com o entendimento contemporâneo da subjetividade ganha outra dimensão. Nesse caso, nosso entendimento a respeito das possibilidades da infância é dado pelas respostas sobre o que vem a ser a subjetividade. Ideologia ou ficção? Em qualquer dos casos, diz-nos Ghiraldelli Jr. (1996, p. 36-37), a conseqüência é que, se não conferimos mais validade à subjetividade iluminista ou romântica, também já não sabemos assentar nossa pedagogia. As referências válidas sobre *o que é a pedagogia,* até bem pouco tempo – para não dizer até hoje – eram o que vulgarmente conhecíamos como "pedagogia tradicional" e "pedagogia nova" – o universo de nossos programas de ensino e de nossa didática, ainda que há muito nossa educação já não se sustentasse em nada disso.

A CRIANÇA NO MUNDO OCIDENTAL

As vicissitudes da pedagogia estão intimamente vinculadas aos caminhos traçados pela filosofia. A pedagogia e, conseqüentemente, a escola são resultados da maneira como a filosofia moderna concebeu a figura do sujeito e como, contemporaneamente, criticou essa noção de sujeito, bem como a forma como ele, em sua história, entendeu e relacionou-se com a infância "normal" e a "anormal".

A noção de sujeito, como a conhecemos hoje, não existiu na antigüidade clássica. Como veremos no item "Especificidade do sintoma escolar", no Capítulo 3, ao abandonar os mitos como forma de explicação do mundo, o homem inaugura a Filosofia, que nasce para responder à questão: "O que é a realidade?".

Na tentativa de responder a essa questão, o homem depara-se com a noção de subjetividade. Essa, por sua vez, está articulada à noção de sujeito do conhecimento.

Tanto para Descartes como para Rousseau, a subjetividade não é uma condição dada imediatamente ao homem, mas uma situação conquistada pela busca da verdade. Ambos os filósofos entendem que, para alcançar a instância da subjetividade, que se dá pela atividade filosófica, é preciso analisar a condição humana. Essa análise engloba também o conhecimento da história das idéias sobre a infância que é o elemento central da questão educacional, que nos permite compreender os rumos da educação ocidental e a relação com o fracasso escolar no Brasil.

Se, para Descartes, a causa de nossos erros são os preconceitos da infância, é preciso, portanto, eliminá-la. Para o filósofo, para sair dessa condição que nos leva ao erro, é necessário negar os juízos que fazemos com base em saberes vindos da sensação, da imaginação e da memória, restando, assim, apenas o intelecto. Podemos reconhecer essas idéias nas pedagogias intelectualistas, ou seja, nos conceitos que norteiam a pedagogia tradicional. O que faz a escola senão negar o corpo, a memória a imaginação da criança?[7]

É de se ressaltar que, juntamente com o surgimento da noção de infância, criam-se mecanismos para eliminá-la. Ora, o sintoma na aprendizagem escolar, como sintoma cultural, diz respeito ao aniquilamento da infância pela escola, que não é pensada do ponto de vista das necessidades da criança, e tampouco sabe o que é a criança, visto que lida com a criança real, como se fosse a ideal, a desejada, negando suas verdadeiras demandas. Ora, o que de tão assustador o adulto vê na criança que não lhe permite sua existência?

Ariès (1981, p. 157-182), tomando como ponto de partida a sociedade medieval, interpreta as sociedades tradicionais e o novo lugar assumido pela criança e a família nas sociedades industriais. Segundo o autor citado, na velha sociedade tradicional mal se via a criança:

> A duração da infância era reduzida a seu período mais frágil, enquanto o filhote do homem não conseguia bastar-se; a criança, então, mal adquiria algum desembaraço físico, era logo misturada aos adultos, e partilhava de seus trabalhos e jogos. (Ariès, 1981, p. 10)

A socialização da criança não era controlada pela família e sua educação era garantida pela aprendizagem que se dava por sua convivência com os adultos. Apenas ao final do século XVII é que vai ocorrer uma mudança considerável na organização da família e no lugar assumido pela criança. A escola substituiu a aprendizagem pela convivência, como meio de educação.

A mudança no tratamento destinado às crianças, visando a prepará-las para a vida adulta pela redução da brincadeira e a implantação das atividades intelectuais, é conseqüência do grande movimento de moralização dos homens e da mudança sentimental na família, que se tornou "o lugar de uma afeição necessária entre os cônjuges e entre pais e filhos, algo que ela não era antes" (Ariès, 1981, p. 12). Essa afeição configura-se principalmente na importância que se passou a atribuir à educação. A família organizou-se, a partir de então, em torno da criança, e essa revolução escolar e sentimental, segundo Ariès, foi seguida de uma redução voluntária da natalidade, que pode ser observada a partir do século XVIII.

No mundo medieval, aponta-nos Ariès (1981, p. 56-59), não existia um lugar diferenciado para a criança e não se acreditava que ela contivesse a personalidade de um homem. A família medieval referenciava-se mais ao mundo da tradição, às gerações precedentes, aos antepassados do que às gerações futuras, aos filhos.

Com o advento da modernidade, a família burguesa foi, aos poucos, recolhendo-se à vida privada, organizando-se em torno de si própria, retirando as crianças do mundo de aprendizagem com os adultos, na vida pública e levando-as para dentro de casa. A partir daí, os *pequenos* passaram a ser alvo de preocupação, e a família organizou-se para cuidar de sua educação e saúde. A CRIANÇA, o nome que se lhes deu, representou o surgimento de um novo *sentimento:* o relativo à infância.

O conceito de criança é, então, uma construção histórica, que se modificou ao longo dos tempos, dando origem a distintos sentimentos em relação à infância.

O primeiro sentimento do adulto pela criança foi identificado no final da Idade Média, quando as crianças e os adolescentes eram designados pelo termo *enfant*. É a partir dos séculos XVI e XVII que a criança passa a ser considerada como um ser engraçadinho, ingênuo e encantador e a ser objeto, segundo Ariès (1981), de *paparicação*.[8]

Esse sentimento provocou uma série de reações críticas por parte daqueles que consideravam insuportável e negativo esse tratamento dispensado às crianças. Se o sentimento de *paparicação* emergiu na família, o sentimento de exasperação veio "de uma fonte exterior à família: dos eclesiásticos ou dos homens de lei, raros até o século XVI, e de um maior número de moralistas no século XVII, preocupados com a disciplina e a racionalidade dos costumes" (Ariès, 1981, p. 163).

Deu-se início, então, a uma preocupação com a infância, a fim de corrigi-la e discipliná-la, a religião, a ciência e a lei passaram a tratar dela.

Nesse contexto, surge uma nova preocupação: a disciplina, a racionalidade, a moral e os costumes da infância. Acreditava-se que, por meio de uma disciplina racional, as crianças poderiam transformar-se em adultos responsáveis. Os moralistas e educadores combatiam a *paparicação* promovida pela família e pregavam um tratamento para as crianças baseado na racionalidade, em consonância com o projeto forjado no triunfo da razão.

A *paparicação* era condenada, porque fazia a manutenção da infância, e esta deveria ser levada em conta no sentido de sua superação, e não de sua permanência. A sua manutenção ou, pior, seu retorno, implicaria a vitória de um reino em que sensações e imagens são, literalmente, realidade. Seria a não-instauração do programa do Iluminismo, a volta do império dos sonhos, do medo e o reencantamento do mundo; para Descartes, a derrota da filosofia.[9]

A história mostra-nos que as relações estabelecidas pelos adultos com as crianças vão da indiferença à preocupação com a disciplina. Modificam-se as relações adultos/crianças e, conseqüentemente, o lugar que é oferecido à criança. Com base no olhar dos adultos – pais, amas, juristas, moralistas, educadores –, a criança foi constituindo-se como "pensante" e como "pensada".

De *adulto em miniatura* e objeto de mimos e agrados dos adultos do meio familiar, a criança passou a ser objeto de saber-poder[10] de médicos, educadores, religiosos, enfim, de olhares externos ao meio familiar. A criança tornou-se o centro das atenções, futuro das gerações, no século XIX, transformando-se em "sua majestade, o bebê". Passou a ser o "futuro da família, sua imagem sonhada e projetada, sua forma de lutar contra o tempo e a morte" (Duby e Ariès, 1991, p. 146). A família passou a ter a criança como o centro das atenções e a isolá-la do convívio com as multidões, confinando-a no espaço privado. Enfim, a preocupação com a criança enraizou-se na família moderna.[11]

A preocupação com a educação escolarizada das crianças disseminou-se na sociedade e transformou-a. Segundo Ariès (1981), a família passou a ter uma função moral e espiritual, encarregando a escola de preparar os filhos para a vida adulta, exercendo sobre as crianças um poder disciplinar.

Esse interesse pelo mundo da criança, visto então como distinto do mundo adulto, levou a pensar que era preciso tirá-la do convívio familiar e situá-la em um local apropriado para torná-la "madura para a vida" (Ariès, 1981, p. 277). A escola foi considerada o lugar apropriado para proteger as crianças das más influências do meio familiar.

Os colégios, como institutos de ensino, foram fundados no século XV. Juntamente com eles, foram estabelecidas as classes escolares, em que os alunos eram divididos em grupos e havia um mestre para cada grupo. Nesse período, o aluno era submetido a uma hierarquia escolar. A criança, que antes participava livremente do convívio dos adultos, passou a viver o enclausuramento dos internatos e quarentenas.

Ao longo dos séculos, operou-se uma modificação na organização escolar. A diferença principal entre a escola da Idade Média e o colégio dos tempos modernos reside na introdução da disciplina, que reinou como objetivo primeiro à escola até bem recentemente.

A CRIANÇA E A ESCOLA: A BUSCA DE UM IDEAL IMAGINÁRIO

Ao longo deste capítulo, temos procurado estabelecer o objeto de nosso interesse: a Escola. Dessa forma, esboçamos até aqui as construções humanas (idéias, ideais, crenças, mitos, valores, tradições) que estiveram presentes na criação dessa instituição. Interessa-nos estudar a escola como construção eminentemente subjetiva, ainda que social e cultural; a escola como foi no desejo daqueles que primeiro a conceberam; a escola ideal, como síntese de uma variedade de intenções e crenças; e, finalmente, estudá-la como geradora de uma sintomatologia.

E, quanto à sua função, a educação, entendida como mais do que mera transmissão de informações, sempre põe em jogo a questão do ideal que uma sociedade fabrica para si. Se, com efeito, a educação tem sido matéria das mais profundas reflexões filosóficas e dos mais acirrados debates políticos, desde os diálogos platônicos, é porque ainda está em jogo a noção de homem que se acredita ser, que se deseja ser e que se pretende que os outros sejam ou passem a ser.

Assim, a educação tem uma história. No antigo Egito, na Grécia e em Roma, ela tinha a função de transmissão de vida, dos bens, do saber dos ancestrais, dos feitos dos antepassados. Ancorava-se no passado, no saber transmitido de geração para geração. Já na Idade Média e, principalmente, na Idade Moderna, a função da educação passou a ser o estabelecimento da razão, da moral e da disciplina. Surge então a pedagogia.

Segundo Ghiraldelli Jr. (1996, p. 12), a pedagogia será definida em função da noção de criança que surge na Idade Moderna. Para o autor, esse campo do saber fundamenta-se em dois modos de pensar e compreender a infância, que se expressam nas idéias dos filósofos Montaigne e Rousseau.

Para Montaigne, como a criança é um ser diferenciado do adulto, deveria ser dado a ela um tratamento baseado na disciplina, para que pudesse superar sua condição de criança, tornando-se um adulto responsável. Esse pensamento vai nortear os princípios da escola que se organiza contra a *paparicação* feita pelos adultos no meio familiar.

Já o filósofo genebrino Jean-Jacques Rousseau (citado por Ghiraldelli Jr., 1996, p. 14) acredita que na infância ainda não houve contato maior com a sociedade corruptora, e é a época que deve ser preservada para o cultivo do que é natural no homem, de sua intimidade. Essa concepção rousseauniana relaciona-se ao cultivo da privacidade, tão cara às sociedades modernas. A pedagogia, assentada sobre essas idéias, vai atuar de modo confessional, privilegiando a criança como indivíduo e pregando a disciplina interior.

Para Ghiraldelli Jr. (1996), a filosofia cartesiana forneceu as bases da pedagogia tradicional, que pressupõe um sujeito racional, bem como um ensino centralizado na figura do professor, que detem o saber. Os procedimentos didáticos correspondentes a essa pedagogia partem do pressuposto de que o ensino depende da organização lógica estabelecida pelo professor. A educação seria baseada no ser racional e visaria à obtenção do saber por meio da consciência, que comandaria as idéias e os atos dos educandos (Ghiraldelli Jr., 1996, p. 24).

A partir das exigências feitas pelas sociedades industriais, de homens produtivos adaptáveis aos progressos da ciência e da tecnologia, o aprendizado artesanal cedeu lugar ao ensino profissionalizante baseado na técnica e surgiu uma nova expectativa em relação à criança: um ser em desenvolvimento, ativo e espontâneo. Essa idéia de um *ser práxico*, voltado para a ação, dá origem a uma educação ativa, em que o jogo e o trabalho vão fazer parte dos procedimentos educativos. Para que se pudesse estimular adequadamente essa criança, ela deveria ser respeitada em sua individualidade. Assim, tornou-se essencial o uso da psicologia do desenvolvimento para a chamada Escola Nova.

A pedagogia da Escola Nova incorpora a idéia de trabalho ao cotidiano educativo. Enquanto o trabalho nas fábricas tinha o objetivo de alcançar o desenvolvimento técnico-científico, o trabalho nas escolas relacionava-se ao desenvolvimento infantil. A criança, como um ser em desenvolvimento, deveria ser preparada para o futuro. Originalmente vinculada a um sentimento amoroso, a criança acabou sendo transformada em um conceito científico.

O entrelaçamento das expressões *criança* e *escola* está vinculado a mecanismos de controle e práticas disciplinares, com vistas ao exercício do poder e na produção de um saber sobre a criança. Ela é considerada um ser em desenvolvimento, que deve ser escolarizada, disciplinada, preparada para ser eficiente. Nesse sentido, a produção de saberes com vistas ao exercício do poder sobre a criança tem função normativa. A psicologia e a pedagogia colocam-se como saberes constituídos autorizados e especializados sobre a infância e contribuem para a disseminação da idéia de uma "criança normal".

A criança passa a ser vista como "semente das gerações futuras" (Foucault, 1979, p. 232) e deve ser educada para obedecer a um conjunto de regras de conduta, de forma a tornar-se um adulto racional e honrado. Esse conjunto de regras fundamenta o que conhecemos atualmente como *disciplina*.

Foucault (1977, p. 139) realiza um estudo das práticas disciplinadoras e das relações estabelecidas no seio da sociedade ocidental a partir do século XVIII. Para ele, o poder dissemina-se por toda a estrutura social e mantém relação de reciprocidade com a produção do saber: ao mesmo tempo em que se exerce o poder, são constituídos os campos do saber; da mesma forma, o saber produz relações de poder. Veremos que esse saber como poder também estará presente na relação da psiquiatria com o paciente.

Segundo Foucault, existe um tipo específico de poder sobre os indivíduos: o "poder disciplinar". O exercício desse poder ocorre mediante métodos e estratégias que efetuam o controle do corpo, realizando a sujeição das forças, impondo uma relação de utilidade e obediência. Quanto mais disciplina, mais obediência, mais eficiência.

A escola surgiu como um espaço reservado à especificidade do "infantil" e do controle disciplinar sobre as crianças. A "criança diferenciada do adulto" emergiu como objeto do saber e como diferença a ser isolada e controlada, e a escola como espaço de exercício de controle disciplinar e de elaboração de um saber sobre a infância.

Desprovidas de razão, assim como os loucos e os criminosos, as crianças deveriam ser educadas para se tornarem um "adulto são, normal e legalista" (Foucault, 1977, p. 171). Nesse sentido, o tratamento dispensado às crianças visava a transformá-las em adulto racional e adaptado às regras da sociedade.

O poder disciplinar institui a norma: à medida que hierarquiza, regulamenta, padroniza, distribui lugares, normaliza. Assim, leva a uma homogeneização do corpo social, criando regras para impedir os desvios, ajustar as diferenças e produzir as individualizações. A criança, concebida como desprovida de razão, passou a ser mensurada, treinada, classificada e normalizada.

Vários especialistas (pedagogos, psicólogos, assistentes sociais) tratarão da criança, estabelecendo parâmetros de normalidade, utilizando, para esse fim, a observação, o controle, os testes psicológicos.

Assim, se a norma é a referência, os desvios à norma passam a ser objeto de maior controle. A produção de saberes sobre a criança, bem como o controle disciplinar ao qual foi submetida, trouxeram como conseqüência um mecanismo de exclusão. As crianças que não conseguiam adaptar-se às regras estabelecidas e atender a um ideal de obediência, de disciplina, de eficiência e de racionalidade passaram a ser vistas como fora da norma, isto é, de anormais.

A visão histórica de Ariès (1981) e as análises arqueogenealógicas[12] de Foucault (1977, 1979) mostram que o conceito de infância da idade moderna é acompanhado de uma nova organização familiar e escolar, que emergiu com a formação da sociedade burguesa. A concepção de família, que se disseminou no seio da sociedade burguesa, pressupunha uma vida centrada no lar, na criança e no patrimônio, e foi difundindo-se pouco a pouco por todo o corpo social.

Estudos atuais sobre o fracasso escolar apontam o fracasso da família como uma de suas causas principais. Muitos educadores afirmam que a falência da família é um fenômeno ou um problema contemporâneo e alegam, principalmente, que os pais já não sabem como educar seus filhos e recorrem a especialistas, delegando tal responsabilidade a professores, psicólogos, médicos. Consideram, ainda, que os problemas de aprendizagem escolar devem-se ao fato de a família não assumir sua função, deixando a cargo de especialistas as decisões parentais e, além disso, o professor, que também recorre à ciência (psicologia, pedagogia, etc.), já não sabe qual é seu papel, o que resulta na situação atual.

No entanto, vários estudos mostram que a dependência da família em relação aos preceitos científicos não é atual, não é um fenômeno contemporâneo. Jurandir Freire Costa, no livro *Ordem médica e norma familiar* (1999, p. 12), mostra que a dependência em relação aos agentes educativo-terapêuticos não é estranha à história da família burguesa. No século XIX, sua antecessora, a família oitocentista de elite foi submetida a uma tutela do mesmo gênero. A medicina social, por meio de uma política higiênica, reduziu a família a esse estado de dependência. Recorrendo a argumentos semelhantes aos atuais, segundo Costa (1999, p. 12), "foi também pretendendo salvar os indivíduos do caos em que se encontravam que a higiene se insinuou na intimidade de suas vidas".

O autor citado afirma ainda que foi a partir da terceira década do século XIX que a família foi mais incisivamente considerada incapaz de proteger as crianças e os adultos. Com base nos altos índices de mortalidade infantil e nas precárias condições de saúde dos adultos, a higiene conseguiu impor às famílias uma educação física, moral, intelectual e sexual inspirada nos preceitos sanitários da época. Essa educação seria veiculada por meio da criança e deveria revolucionar os costumes familiares. Para Costa, no entanto, essa pedagogia médica extravasava os limites da saúde individual e, enquanto alterava o perfil sanitário da família, modificava também sua feição social.

Entre as conseqüências da educação higiênica, destacam-se:

- A educação física defendida pelos higienistas do século XIX criou de fato um corpo saudável, mas também serviu para incentivar o racismo. Ela visava a explorar e manter explorados, em nome da superioridade racial e social da burguesia branca, todos os que, por singularidades étnicas ou pela marginalização socioeconômica, não logravam conformar-se ao modelo anatômico construído pela higiene.
- A educação moral extinguiu das casas e dos colégios a violência punitiva dos castigos físicos coloniais. Criou a figura do indivíduo contido, bem-educado, cuja norma ideal é o comportamento reprimido e disciplinado. Todavia, para Costa, esse comportamento é adquirido à custa de crescente tendência a culpar-se, que se tornava a marca registrada do homem civilizado, do sujeito forçado a exercer controle

tirânico sobre si mesmo. Essa culpa gera grande parte do sofrimento psíquico no mundo atual.
- A educação intelectual conduzida pela higiene ajudava a refinar e a cultivar cientificamente a primitiva sociedade colonial. Contudo, desde então, o nível de instrução e a capacidade intelectual entraram em competição, em virtude não só da ordem econômica, mas também da ciência médica. Criou-se a idéia de que o indivíduo "culto" era superior ao "inculto", justificando-se, portanto, a hierarquização social da inteligência.
- A educação sexual, que deveria transformar homens e mulheres em reprodutores de proles sadias e "raças puras". Tudo isso resultou em uma profunda repressão sexual intrafamiliar que até recentemente "oprimiu mulheres com o machismo, mulheres a tiranizar homens com o nervosismo, adultos a brutalizar crianças que se masturbavam; casadas a humilhar solteiras que não casavam; heterossexuais a reprimir homossexuais, etc." (Costa, 1999, p. 15).

Enfim, o sexo tornou-se emblema de respeito e de poder social.

Costa afirma ainda que o amor entre pais e filhos, concretizou-se na família moderna e os pais passaram a se dedicar às crianças de uma forma inconcebível nos tempos coloniais. Os pais continuam, porém, sempre como ignorantes em relação aos filhos. Para Costa (1999, p. 15), amar os filhos e cuidar deles "tornou-se um trabalho sobre-humano, mais precisamente científico".

O autor alerta que os especialistas, preocupados com a desagregação familiar e suas conseqüências, dão-se conta de que a desestruturação familiar é um fato social, mas não percebem que as terapêuticas educativas são processos ativos na fabricação dessa problemática e suas conseqüências e, por isso, presos à ideologia do "cientificismo", acreditam em sua isenção e não procuram rever as matrizes sociais da ciência que orientam os postulados teóricos e técnicos de suas práticas. Não vêem, portanto, que todas essas injunções revertem, inevitavelmente, em maior disciplina, vigilância e repressão.

A escola é uma instituição encarregada de veicular todas essas normas. Aparentemente, sua função seria a transmissão do conhecimento construído culturalmente, porém seu peso em nossa sociedade é muito maior e muito mais do que ensinar um conteúdo; ela pressupõe a disciplinarização, a hierarquização. Basta observarmos a dinâmica de aula: o aluno deve permanecer horas a fio sentado e concentrado na realização das tarefas (até mesmo na pré-escola), e os que não conseguem realizá-las, ou relutam em não efetivá-las, são considerados desadaptados (hiperativos, dispersos, etc.). E em relação a essa problemática a família é profundamente sensível, ou seja, se o filho não corresponde ao esperado pela escola, a família não reluta em procurar um especialista e, quando reluta, a escola encarrega-se de pressioná-la, até que ceda aos preceitos dos educadores. Então, qual é a função da escola? Qual o homem que busca formar? Que é que não dá certo? Ou dá, se pensarmos que, em alguns casos, o sintoma na aprendizagem escolar pode ser uma resistência sadia a algo que pode transformar-se em uma total violência à natureza humana. Será que de fato o sentido de nossa existência reside em passarmos 10 horas por dia estudando, enquanto somos crianças, e 12 horas por dia trabalhando até ficarmos bem velhinhos, para aí nos darmos conta de que a vida passou?

A criança que, no início da Idade Moderna, era um ser engraçadinho, *paparicado* pelos adultos, foi transformada em criança escolar. A escola passou a ser o local onde a criança poderia ser controlada, vigiada, submetida às regras de tempo, espaço, a exames, punições e sanções. Deveria ser corrigida em seus desvios, homogeneizada segundo uma norma.

Assim, há um deslocamento do lugar da criança na Idade Moderna que se entrelaça com o papel que a escola vai assumindo ao longo dos tempos. Nas sociedades pré-modernas, por exemplo, o sujeito é marcado por mecanismos histórico-rituais de conservação.

Na educação egípcia, grega e romana, temos exemplo de educação calcada em um *sujeito memorável,* que se organizava por meio de mecanismos histórico-rituais, em referência ao passado, sustentado pelo fio simbólico que o ligava aos feitos de seus ancestrais. Com base nas cerimônias, na genealogia, no saber dos mais velhos, nos feitos heróicos dos antepassados, o conhecimento era transmitido de geração para geração, a educação fazia-se memória, e o cotidiano era construído com apoio no passado, atrelado à história e à tradição. Na sociedade moderna, o indivíduo racional, senhor de sua consciência, desenvolve mecanismos científico-disciplinares, observações, medidas comparativas, fiscalizações. De tudo isso resulta um indivíduo disciplinado, passível de ser calculado, normalizado.

A escola, que se organiza em torno da criança como um adulto em desenvolvimento, procura educá-la com normas e disciplina, com base na idéia de um ser racional. É a *criança calculável* que, por meio de uma *educação para o futuro,* será transformada em homem ideal. Deseja-se um ser perfeito, e promete-se reparar o fracasso parental e social. Essa concepção, ancorada em um ideal que não se pode alcançar, marca a criança esperada pela escola de nossos dias.

Com base nesse olhar normalizante, deu-se a produção de uma infância "inadaptada". Dentro da concepção de uma infância normal, surgiram as crianças indisciplinadas, as portadoras de dificuldades de aprendizagem e as "transgressoras". Não sendo reconhecidas em suas diferenças, são excluídas, deixando de ser consideradas como semelhantes às demais crianças. Assim, com apoio em uma concepção ideal de criança, vão sendo instituídas outras infâncias.

A CRIANÇA NA HISTÓRIA DO BRASIL

A história da infância no Brasil apresenta-se com uma configuração dramática, sobretudo na contemporaneidade. Em nossos estudos, verificamos que o Estado moderno, para atender aos interesses da burguesia em ascensão, serviu-se de mecanismos de normalização que intervieram em toda a sociedade. Uma dessas intervenções foi a entrada da medicina no âmbito da família, e a outra ocorreu por meio das ações de filantropia, da assistência social e da polícia nas famílias populares. Esse esquema de compreensão da família serviu de referência para a análise que o referido autor realizou das relações entre a família, o poder médico e o Estado, no Brasil.

A família, definida como incapaz de assumir o controle disciplinar e educativo de seus filhos, passou a depender das prescrições e dos conselhos médicos. Como forma de evitar a mortalidade das crianças e as precárias condições higiênicas em que viviam, disseminou-se uma educação destinada a ensinar aos pais como cuidar da saúde e higiene de seus filhos.

A criança ocupava na Colônia, nas palavras de Costa (1999), um lugar "meramente instrumental", pois era posta a serviço do poder do pai, em torno do qual girava o interesse familiar. A família apoiava-se sobre a propriedade, o saber tradicional e a ética religiosa. O pai reinava absoluto e era a pessoa que reunia a iniciativa, a força e o respeito para adquirir e manter a propriedade.

O pai, inspirado no saber tradicional, deveria reeditar com facilidade as fórmulas de dominação dos antepassados, com base no conhecimento obtido pela tradição oral e experiência pessoal. O velho era mais importante que o novo. A criança, por não ter vivido o suficiente para entender o passado e sem responsabilidade suficiente para respeitar a experiência, não merecia a menor consideração do adulto.

A sociedade colonial também era bastante influenciada pelas idéias religiosas, que viam na criança o resultado dos "desregramentos da carne" (Costa, 1999). A criança tinha sua importância "instrumental" na conversão de seus pais ao catolicismo. Entretanto, para a religião, o importante era a imortalidade, a pureza espiritual da criança, exemplo para os pecadores. A criança venerada era a morta, o "anjo", figura encarnada pelas crianças nas festas e procissões religiosas até os dias atuais. O culto aos filhos mortos era comum na família colonial.

Entre a criança e o adulto não havia vínculos e uma enorme distância os separava.[13] Vista como incapaz ou como anjo, não havia continuidade entre a vida da criança e a vida adulta.

Com a ação da medicina higiênica, houve grande preocupação com a mortalidade infantil e disseminou-se a idéia de nocividade familiar. Isso fez com que a infância passasse a ser objeto do saber e do controle do médico, que "ensinava" aos pais a proteger a saúde e a vida de seus filhos. Antes dessa influência médico-higiênica na família, a criança era tratada como um ser incapaz e incompetente. Ela era percebida como o negativo do adulto. Não se via entre a vida infantil e a vida adulta uma relação de continuidade. Com a preocupação da medicina sobre a higiene da criança, esta passou a ser objeto de cuidados, pois se transformaria em um adulto no futuro, que deveria ser forte, saudável e prestar serviços ao país:

> Entre o adulto e a criança as ligações existentes eram a da propriedade e a da religião. A "alteridade" e a descontinuidade entre um e outro eram radicais. Os elos que uniam a cadeia das gerações só foram criados quando a família dispôs da representação da criança como matriz físico-emocional do adulto. Por meio das noções de evolução, diferenciação e gradação, heterogeneidade e continuidade conciliaram-se. A família pôde, então, ver na criança e no adulto o mesmo e o outro. Daquele momento em diante os papéis invertem-se: a criança passa a determinar a função e o valor do filho. (Costa, 1999, p. 162)

Por meio da medicina, a criança brasileira passou a ser vista pelos adultos à luz da idéia de que, se não era um adulto de fato, era um "adulto em desenvolvimento". Nasce uma relação especular dos adultos para com as crianças. O adulto via-se na imagem da criança a desenvolver-se, e as crianças do presente passaram a ser vistas como um adulto do futuro, que deveria ser saudável, disciplinado, útil, perfeito, sem falhas ou imperfeições.

Dentro dessa concepção, surgiram os primeiros colégios internos no Brasil. O internato era um lugar visto por profissionais, como médicos, educadores e religiosos, como um lugar ideal. Longe das influências nefastas da família, as crianças eram submetidas a uma disciplina física e moral; assim, os colégios internos colaboraram com a estratégia médico-higiênica. Eles deveriam ser um espaço de ordem, asseado, para disseminar a idéia de saúde e limpeza. A disciplina no colégio deu-se com base na idéia de controle normativo e higiênico para a produção de corpos "saudáveis e dóceis", e não em função de uma teoria da aprendizagem ou do desenvolvimento dos alunos.

A produção desse saber médico-higiênico sobre o corpo, a moral e o espírito dessa criança, que deveria transformar-se em um adulto saudável, dá origem à valorização de um ideal: o corpo forte, asseado, "sexual e moralmente regrado", que foi identificado com o homem branco; conseqüentemente, o escravo era visto como o negativo desse ideal e considerado corrupto, física e moralmente. Esse mecanismo de negação em relação ao escravo vai estender-se a seus filhos. Do mesmo modo que os escravos eram a antítese do homem branco, os filhos dos escravos eram a antítese das crianças das famílias dos senhores.

A Lei do Ventre Livre, aprovada em 1850, declarava livres os filhos das escravas, ficando em poder e autoridade de seus senhores até os oito anos completos. Após esse período, o senhor poderia utilizar-se de seus serviços até que completassem 21 anos, ou entregá-los ao Estado. As crianças abandonadas ou entregues ao Estado deveriam ser acolhidas em estabelecimentos públicos, onde deveriam prestar serviços, também, até a idade de 21 anos. Muitas dessas crianças, chamadas "ingênuas", foram tratadas como escravas pelos senhores, ou efetivamente abandonadas (Costa, 1999, p. 165).

Os senhores não reconheciam seus filhos com escravas, e era alto o número de crianças ilegítimas "enjeitadas". Em 1693, o governador da capitania do Rio de Janeiro escrevia ao rei recriminando o abandono de crianças em ruas e terrenos baldios. Com o objetivo de atender a essas crianças abandonadas, foram criadas, em 1738, a Roda e a Casa dos Expostos,[14] fundadas pelos governantes para cuidar de crianças abandonadas e depois encaminhá-las para trabalhos forçados. Segundo Marcílio (1999, p. 58-76), era uma forma de orientar a população mais pobre para o trabalho, afastando-a da prostituição e vagabundagem.

As péssimas condições de higiene das crianças e das nutrizes e o espaço físico inadequado provocaram críticas da medicina da época. A própria aglomeração urbana deu origem a surtos epidêmicos. Os recém-nascidos ficavam reunidos em salas, sem o arejamento adequado, o que pode ser entendido como causa do alto índice de mortalidade. As nutrizes, por sua vez, além de mal-alimentadas e cansadas, por desconhecerem as normas de higiene adotadas pela medicina da época, não as cumpriam no cuidado das crianças.

Tudo isso serviu de argumento para a crítica que os higienistas faziam à família: o pai explorava os escravos no serviço da casa e servia-se deles como fonte de renda; as mães, que não eram educadas física, moral e intelectualmente, não amamentavam os filhos e os deixavam nas mãos de escravas que, se alugadas no período puerperal, tornavam-se péssimas amas-de-leite. Segundo Costa (1999, p. 166), os médicos não se interessavam pelos filhos de escravas que morriam na Roda, mas pelo destino das crianças "bem-nascidas", entregues às escravas que não tinham condições de nutri-las.

Estabelece-se um antagonismo entre o ideal de adulto e o escravo, bem como entre o ideal de criança e a criança pobre, abandonada, o filho de escrava. Assim, uma parcela da população infantil constitui-se em antítese da infância idealizada, pois é abandonada, submetida aos mais duros trabalhos escravos; dentro desse contexto, as estatísticas de mortalidade infantil ampliam-se e a condição de criança não é questionada.

Portanto, não há uma condição universal da infância ao longo da história, mas a existência de várias infâncias, que ocupam diferentes posições em relação a um ideal normalizante do que seja uma criança.

A CRIANÇA E A PSICANÁLISE

A ordem social que funda a modernidade e constitui as bases da sociedade disciplinar, tão bem-analisada por Foucault (1979), está assentada no saber médico, que se apóia no ideal normativo de higiene social (Donzelot, 1986; Costa, 1999). Esse discurso médico-higiênico criou a ilusão de uma sociedade perfeita, sem doenças, mortes e *mal-estar.*

Assim, o saber médico sustentou-se com a promessa de cura e evitação da morte. Embora o discurso psicanalítico tenha surgido nesse contexto, coloca-se em oposição ao discurso que promete a cura, a salvação e o bem-estar do sujeito. Afirma Birman (1994, p. 86) que, diversamente da medicina e da religião, a psicanálise freudiana não pretende realizar qualquer promessa de cura ou salvação, e tampouco a cura como salvação. Vale dizer, a psicanálise não se insere no projeto de imortalidade do indivíduo e assinala sempre os seus limites, projeto este que se materializou historicamente no imaginário social pelos ideários da salvação e da cura. Então, o que a psicanálise pretende é colocar a figura do analisante diante da estrita lógica de seu desejo, o que implica colocá-lo diante do compromisso com a verdade do seu desejo e o seu desdobramento ético que é a crítica das ilusões.

O conceito de criança que nasce das concepções histórico-filosóficas deste século está assentado sobre essa mesma lógica médico-higiênica, como pudemos observar ao longo deste capítulo. A criança ideal é destinada a transformar-se no indivíduo racional, centrado em sua consciência, em um "sujeito suposto adulto", como denomina Guy Clastres (1991, p. 137). No entanto, segundo Freud (1980, v. 7), a criança ideal é uma ilusão; segundo a concepção foucaultiana, é uma ficção.

Freud (1980, v. 7) aponta o caráter sexual da constituição humana e atribui à criança um comportamento pautado pela sexualidade. Utiliza o saber da época sobre perversões e mostra que não haveria aberrações sexuais, posto que a sexualidade humana é, em si, aberrante ou perversa. De forma diferente da sexualidade animal, a sexualidade humana não visa apenas à reprodução, mas é regida também pelo princípio do prazer (Garcia-Rosa, 1999, p. 31-32).

O "pai da psicanálise" rompe com a oposição sexualidade adulta/sexualidade infantil, quando define a sexualidade humana como infantil, ou seja, uma sexualidade "parcial, não-plena, marcada pela incompletude" (Garcia-Rosa, 1999, p. 33). A sexualidade infantil não é apenas uma expressão que designa comportamentos imaturos e parciais que caracterizam a sexualidade da infância, mas é o que explica a natureza da sexualidade humana.

A criança de que fala Freud não é a criança disciplinada, controlada; ao contrário, há uma impossibilidade de ser completamente educada, policiada, reprimida. Segundo Clastres (1991, p. 136-140), essa criança pensada por Freud só foi possível a partir do novo elo social em torno da criança escolar. Assim, a inversão ética do discurso de Freud, que vai na direção contrária aos ideais, possibilitou um questionamento da norma e da moral.

Segundo Kupfer (1989), por volta de 1908, Freud acreditava que existia uma relação entre a moral sexual da civilização e o aumento das neuroses, o que o levou a afirmar que uma educação menos repressiva seria menos geradora de neuroses. No texto "O futuro de uma ilusão" (1980, v. 21), entretanto, Freud já não parece nutrir essas esperanças e pensa que a educação não poderá deixar de cumprir sua tarefa de reprimir as pulsões e adaptar as crianças ao meio social. Com a missão de transmitir às crianças o conhecimento socialmente adquirido, a educação impõe renúncias, da mesma forma que a vida na civilização aponta limites às satisfações pulsionais.

Transformar a criança em um adulto ideal é tarefa de que se incumbiu a educação na modernidade. Ora, o que vem a ser, porém, esse adulto ideal? Segundo Clastres (1991, p. 136), esse "sujeito suposto adulto" diz respeito muito mais a uma suposição, a coordenadas imaginárias, tendo em vista que "existem poucas chances de que ela ou ele venha um dia a encontrar este ideal diante do qual sofre, por um lado, porque um ideal é colocado para jamais ser alcançado, e, por outro, porque o que a psicanálise pode concluir na sua prática é que não há pessoas grandes".

Alicerçada sobre a idéia de indivíduo racional, a educação procurará obter domínio sobre o ser da criança. O conceito de inconsciente introduzido por Freud aponta que algo do ser sempre escapa a toda e qualquer tentativa de controle, atropela e ultrapassa o sujeito; este algo é constituído pelo imprevisto ao qual estamos sujeitos. Portanto, qualquer tentativa de coerção e domínio sobre o ser da criança terá sempre algo de malsucedido, mostrará algum mal-estar, algum fracasso.

Com Mannoni, vimos que o ideal da educação organiza-se em torno de uma carência e aponta para a dimensão do impossível. A educação é condicionada pelo ideal estabelecido de antemão pelo educador e só pode resultar em fracasso escolar e sofrimento para a criança.

> Uma pesquisa pedagógica que estabelece desde o início o ideal a atingir só pode desconhecer o que diz respeito à verdade do desejo (da criança e do adulto). Expulsa do sistema pedagógico, essa verdade retorna sob a forma de sintoma e se exprimirá na delinqüência, na loucura e nas diversas formas de inadaptação. (Mannoni, 1977, p. 44)

Nesse sentido, a criança que faz fracassar esse ideal de educação é excluída do cotidiano escolar, torna-se um incômodo que apontará para o fato de que o conceito de criança escolar, de criança ideal, está dissolvendo-se no mundo atual, da mesma forma que os laços sociais na contemporaneidade indicam a diluição da função paterna, que garante a inscrição da criança no registro do simbólico.

Os laços sociais, na atualidade, parecem ancorar-se no acesso aos bens de consumo proporcionados pelo progresso da ciência e da tecnologia (Betts, 1994). Ser alguém não é dispor de laços de linhagem, nem ter nome próprio, mas adquirir os bens que o mercado dispõe e oferece (Calligaris, 1992). Os laços sociais, nesse caso, são pautados por parâmetros absolutamente imaginários, pois o mercado oferece a promessa de que, ao adquirir esses bens, se estará adquirindo a felicidade, a completude, o que, como vimos, em termos do desejo humano, é impossível.

O lugar que a criança ocupa na atualidade é evidentemente frágil, justamente por estar assentado em coordenadas absolutamente imaginárias.

Podemos perguntar-nos, então: se o ideal é inalcançável, o que se pode esperar das crianças? É importante esperar algo das crianças, crer em sua possibilidade de realização, procurar colocá-las a par das normas de convívio social. No entanto, não se pode ter a ilusão de que elas venham a atender a todas as demandas sociais, educacionais e familiares. Algo vai escapar e ela vai constituir-se como desejante, como diferente em relação aos ideais.

A educação, por sua vez, é de suma importância para a entrada da criança na cultura, para que haja continuidade na transmissão do saber cultural. Os próprios limites e exigências impostos pela escola são necessários, posto que não há como escapar às renúncias impostas pela civilização. Educar sem proibições não possibilitaria à criança o acesso ao gozo; sem interdições, não poderia instaurar-se o desejo. No entanto, não se pode esperar uma educação perfeita, um controle total da criança, pois aqui, também, haverá algum fracasso, uma impossibilidade[15] de realização.

Catherine Millot (1987) afirma que a psicanálise, com base em sua ética, pode fornecer alguns ensinamentos: ao educador, para que não abuse de seu papel e desprenda-se do narcisismo, evitando colocar a criança no lugar de seu eu ideal; à educação, para que, apoiada na ética psicanalítica, possa fazer uma crítica às ilusões mitificadoras dos ideais e renunciar à fantasia de domínio sobre o outro.

O discurso psicanalítico vai na direção oposta aos ideais, ao mercado dos bens, à idéia de felicidade plena e satisfação absoluta. A ética psicanalítica pauta-se justamente pelo reconhecimento da impossibilidade da completude. A psicanálise remete-nos ao desejo humano, ligado à incompletude e à insatisfação. O desejo não é um bem, não está ancorado na moral e nos bons costumes, e comporta uma dimensão trágica que se assenta justamente sobre o "mal-estar", posto que o desejo é insatisfeito por natureza.

O mundo moderno, ao postular a criança ideal, supostamente universal, acabou por realizar a negação das diferenças e, conseqüentemente, da subjetividade de toda criança que não conseguisse responder a esse ideal. Ao mesmo tempo que promoveu a segregação, mascarou a divisão existente no seio da própria infância. De um lado, crianças supostamente ideais, postas na condição de puro objeto do desejo parental e social; de outro, "crianças-problema" que insistem em existir e apontar a ilusão do mundo ideal criado onipotentemente pelo homem moderno.

Quando se postula um ideal, acaba-se por impedir a emergência do singular, daquilo que, como diferença, distancia-se do ideal. Se o sujeito está para além dos ideais, se sua subjetividade está naquilo que escapa para o existir da criança no mundo atual, não resta outra solução senão a de fazer sujeito por meio do seu sintoma. Como nos ensina a psicanálise: não há sintoma em si, só há sintomas particulares, há um sujeito que, uma vez eclipsado, só pode ser ouvido a partir do seu sintoma.

NOTAS

1. Segundo Chaui (1999, p. 35), *physis* vem de um verbo que significa fazer surgir, fazer brotar, fazer nascer, produzir: "A *physis* é a Natureza eterna e em perene transformação". Ela é a origem de todos os seres; é imortal, enquanto as coisas físicas são mortais.
2. Locke, reconhecidamente o filósofo da teoria do conhecimento, examina as formas de conhecimento do homem, a origem de suas idéias, a finalidade das teorias e a capacidade do sujeito cognoscente relativamente aos objetos que ele pode conhecer. Distingue, em sua exposição, graus de conhecimento, que vão da sensação ao pensamento. A consciência é "uma atividade sensível e intelectual dotada do poder de análise, de síntese e de representação. É o *sujeito*. Reconhece-se como diferente dos objetos, cria e descobre significações, institui sentidos, elabora conceitos, idéias, juízos e teorias. É dotado da capacidade de conhecer-se a si mesmo no ato do conhecimento, ou seja, é capaz de reflexão. É saber de si e saber sobre o mundo, manifestando-se como sujeito percebedor, imaginante, memorioso, falante e pensante" (Chaui, 1999, p. 118).
3. Em psicologia e psicanálise, *representação* remete a um trabalho psíquico, ou atividade mental na qual um símbolo (objeto, palavra, etc.) traz à mente um sentido, um significado, uma imagem. Segundo Petit Robert (citado por Nicolaïdis, 1989, p. 21), representar é "oferecer ao espírito, tornar sensível (um objeto ausente ou um conceito), provocando o aparecimento de sua imagem por meio de um outro objeto que a ele se assemelha ou que a ele corresponde".
4. A partir da modernidade, os filósofos tomam o entendimento humano como objeto de pesquisa filosófica. Afirma Chaui (1996, p. 117): "Tornar o sujeito do conhecimento objeto de conhecimento para si mesmo é a grande tarefa que a modernidade filosófica inaugura, ao desenvolver a teoria do conhecimento". Dessa forma, a filosofia deixava de ser conhecimento do mundo para tornar-se conhecimento do homem como ser racional e moral. A filosofia, que tivera a pretensão de conhecer as coisas como são em si mesmas, ou conhecimento da realidade em si, chamado metafísica, sofreu o primeiro abalo com Kant, que negou que a razão humana pudesse ter tal poder de conhecimento, visto que "só conhecemos as coisas tais como são organizadas pela estrutura interna e universal de nossa razão, mas nunca saberemos se tal organização corresponde ou não à organização em si da própria realidade" (Chaui, 1999, p. 54). Assim, a filosofia tornou-se conhecimento da possibilidade de conhecimento. No século XIX, com o positivismo de Auguste Comte, a filosofia separa-se da matemática, física, química,

biologia, astronomia, sociologia, ditas ciências positivas. À ciência caberia o estudo da realidade natural, social, psicológica e moral, e tais estudos constituem propriamente o conhecimento. Para Comte, a filosofia seria apenas análise e interpretação dos métodos utilizados pelas ciências e avaliação dos resultados da ciência. Foi assim que a filosofia tornou-se epistemologia, ou uma teoria das ciências.

5. Essas orientações epistemológicas são a base da reflexão sobre a escola e a pedagogia, visto que as práticas pedagógicas apóiam-se ora no racionalismo, ora no empirismo; é seu interesse examinar como se dá o conhecimento, visto que como se ensina é uma decorrência do que se pensa sobre como se aprende.

6. Assim, o sintoma na aprendizagem, do ponto de vista cultural, pode ser pensado como uma reação coletiva à educação escolar como vem sendo veiculada, tanto pela atuação do aluno como do próprio educador, que, em sua ineficácia, pode estar inconscientemente fazendo uma denúncia de algo que foi vivido passivamente como aluno e daquilo que o sistema lhe impõe hoje como educador.

7. Na dinâmica de aula, até mesmo do jardim da infância, prevalece a criança sentada por horas a fio, o que se constitui em uma negação do corpo. Acrescente-se o desprezo pelo conhecimento construído pela criança fora da escola, por sua história, negando-se assim sua memória; e cabe à criança reproduzir o que lhe foi ensinado e, portanto, nega-se a sua imaginação.

8. Forma típica de amas e mães tratarem as crianças como objeto de prazer e divertimento.

9. Derrota da filosofia, porque, para Descartes, a infância é uma fase que macula a razão, já que é o momento da vida em que há predomínio da sensação, da imaginação e das atitudes apontadas pelo filósofo como um obstáculo ao conhecimento verdadeiro: a prevenção e a precipitação.

10. As relações entre o exército do poder e a produção de saber são analisadas por Foucault (1977) como mutuamente relacionadas.

11. Essa forma de organização familiar, que surgiu com o advento da Idade Moderna, difundiu-se principalmente na família nuclear burguesa, não se dando ao mesmo tempo, nem da mesma forma, nas famílias das classes trabalhadoras. Com a organização da sociedade, foram instituindo-se distintos segmentos sociais, distintas famílias, distintas infâncias, distintos processos educativos.

12. O autor usa esse termo para referir-se ao tipo de pesquisa que realiza sobre a origem das relações familiares, estudos esses baseados em documentos, obras de arte, etc.

13. Ao mesmo tempo que se distanciava a criança do adulto, paradoxalmente ela constituía-se em veículo da igreja e da escola para levar aos adultos de sua família os ensinamentos obtidos nessas instituições. Assim, pensava-se em ensinar hábitos de higiene às crianças, a fim de que ensinassem a seus pais; o mesmo se passava com a religião.

14. A Roda vinha a ser um dispositivo cilíndrico, dividido em duas partes. Uma que dava para a rua, onde a pessoa vinha colocar a criança, e a outra que dava para o interior da Santa Casa, que era o local que recebia os "enjeitados". Uma "ama rodeira" vigiava a entrega das crianças e as deixava na Santa Casa. Esta era também chamada "Casa dos Expostos".
15. As profissões educar, psicanalisar e governar são, para Freud (citado por Millot, 1987), três profissões impossíveis.

3 SINTOMA ESCOLAR: UMA QUESTÃO DE SENTIDO E DE DIREÇÃO

> É a esta vítima comovedora que nós recebemos quando ela vem a nós, quer dizer, é a este ser de nada que nossa tarefa cotidiana é a de abrir novamente a via de seu sentido, em uma fraternidade discreta na medida em que somos sempre demasiadamente desiguais.
> (Lacan, 1966, p. 124)

SINTOMA ESCOLAR: UM MAL-ESTAR NA CULTURA

O sintoma escolar tem um *sentido* muito especial, visto que determina a *direção* da vida de muitas crianças. Acompanha-me desde a infância; é, aliás, fruto de minha infância. Não fui uma aluna com dificuldades escolares; muito pelo contrário, justamente por meio da escola encontrava o lugar desejado. Sempre soube qual era a função da aprendizagem escolar em minha vida. Sorte minha que, para cumprir essa função, eu não precisasse deixar de aprender. Todavia, muitas crianças não têm essa mesma sorte e, para que possam alcançar seus objetivos inconscientes, acabam vivendo grandes sofrimentos.

Não por acaso, a vida escolar é a dimensão escolhida para a ocorrência do sofrimento, que, na estrutura de nosso trabalho, é concebido como sintoma. Baseamo-nos na idéia de sintoma como um entrave que sinaliza para alguém que alguma coisa não vai bem. Um sinal que é preciso interpretar, decifrar e que, em dado momento de nossa prática, leva-nos a perguntar: por que o sintoma na aprendizagem escolar? A essa pergunta respondemos: se o objetivo é sinalizar, nada mais apropriado que o sinal ocorra na escola. O sintoma escolar é bastante mobilizador. Em nossa vida profissional, vimos crianças que, durante anos, manifestavam determinados sintomas, como enurese, obesidade, anorexia, enxaqueca, alergia, hiperatividade e vários outros. Contudo, somente quando começaram a fracassar na escola é que se fizeram ouvir. A função que a escola tem em nossa cultura faz dessa instituição o lugar privilegiado na formação de um sintoma; ela não só gera o sintoma, como também o denuncia.

É importante salientar que, ao falarmos de "escolha", estamos referindo-nos a uma escolha inconsciente. Não queremos dizer com isso que o problema da aprendizagem escolar, em nossa leitura, seja um fenômeno gerado pelo sujeito sem a participação da escola. Trata-se de um sofrimento contemporâneo, um sintoma produzido na sociedade, uma patologia de nosso tempo, que encontra em certos casos as condições de possibilidade.

Freud, em um texto de 1930, "O mal-estar na civilização", afirma que o propósito da vida dos homens é a busca da felicidade. Os homens "esforçam-se para obter felicidade; querem ser felizes e assim permanecer" (1980, v. 21, p. 94). Para Freud, essa busca tem duas metas: a ausência de sofrimento e a experiência de intensos sentimentos de prazer. Em relação ao sofrimento, escreve (1980, v. 21, p. 95):

> O sofrimento nos ameaça a partir de três direções: de nosso próprio corpo, condenado à decadência e à dissolução, e que nem mesmo pode dispensar o sofrimento e a ansiedade como sinais de advertência; do mundo externo, que pode voltar-se contra nós com forças de destruição esmagadoras e impiedosas; e, finalmente, de nossos relacionamentos com os outros homens. O sofrimento que provém desta última fonte talvez nos seja mais penoso do que qualquer outro.

O trabalho clínico fornece-nos, todos os dias, o testemunho dos sofrimentos gerados e vividos nos relacionamentos, especialmente os provenientes das dificuldades de aprendizagem escolar. O apelo desse sintoma na criança introduz-nos no mundo fantasmático dos adultos, revelando as desventuras do mundo de relações – um mal-estar na cultura.

Como dissemos, muitas crianças escolhem inconscientemente a área escolar para manifestar um sintoma. O apelo do não-aprender tem na angústia o seu motor. Mobiliza, comove, traz à tona uma verdade, a verdade do sujeito. Essa afirmação é fruto de uma prática de longos anos de atendimento a crianças que se queixam de dificuldades de aprendizagem escolar. O atendimento clínico revela-nos que, para além das queixas, há o peso das tensões e interferências da dinâmica emocional inconsciente dos adultos que vivem à volta das crianças.

Este livro foi escrito do ponto de vista clínico, que, tendo formação em pedagogia e psicologia, foi buscar nos fundamentos da psicanálise o sentido do vivenciado na clínica e pretende, ao compartilhar sua experiência, contribuir para o estabelecimento de uma prática que se interrogue a respeito desse sofrimento da contemporaneidade. Freud (1980, v. 21, p. 105) já ensinava o quanto é difícil admitir a fonte social de um sofrimento:

> Não a admitimos de modo algum; não podemos perceber por que os regulamentos estabelecidos por nós mesmos não representam, ao contrário, proteção e benefício para cada um de nós.

Diante desse malsucedido no campo da prevenção do sofrimento, Freud formula a seguinte questão: Podemos suspeitar de que o insucesso da humanidade em proteger o homem dos sofrimentos relativos à vida em comum com seus semelhantes deve-se a alguma lei da natureza invencível e de que dessa vez trata-se de nossa própria constituição psíquica?

A essa questão Freud responde mostrando a incompatibilidade entre o programa do princípio do prazer, que consiste na busca da felicidade individual, e a ética da vida em comunidade, cujo objetivo reside em impor restrições ao próprio prazer, para criar uma unidade com base nos seres humanos individuais. Trata-se, portanto, de um conflito da existência humana, da ordem da economia da libido no que se refere ao investimento no eu e no outro – libido narcísica e libido objetal.

Em toda a sua obra, Freud mostra que o sentido da vida decorre de duas premências: a da felicidade e a da união em comunidade. A primeira é chamada de *egoísta*; a segunda, de *altruísta*. A premência do *ser* recai sobre a felicidade; portanto, é egoísta. A premência cultural recai sobre a renúncia dos prazeres individuais.

No processo civilizatório, o objetivo é criar uma unidade com base nos seres humanos individuais. A felicidade de cada um passa para o segundo plano. Uma comunidade bem-sucedida não pode prestar atenção à felicidade do indivíduo.

Os interesses do indivíduo e da civilização não coincidem totalmente. Se o indivíduo tivesse como objetivo seu os objetivos da comunidade, poderia haver uma conciliação; no entanto, o indivíduo, ao mesmo tempo que persegue os objetivos da comunidade, persegue também o seu próprio caminho.

As duas premências, a felicidade pessoal e a união com os outros seres humanos, combatem entre si; assim, o individual e o cultural estão em luta constante. Para Freud, a contradição entre Eros e Tânatos[1] resulta em uma luta da economia da libido, em termos de investimento no ego[2] e nos objetos, que admite uma acomodação.

Em "Totem e tabu" (1913), Freud (1980, v. 13), baseado em Darwin, ensina que a origem da premência da vida comunitária estaria em uma lei da natureza, "a lei do mais forte", que regulava a vida dos homens primitivos. Essa imprescindível regulação natural gera e alimenta o "cenário mítico" do qual decorre o psiquismo; assim, segundo Freud, a necessidade de regular a vida em comunidade, portanto a origem da civilização, estaria no desejo de superação da citada lei da natureza, visto que o "pai" da horda primitiva era um chefe que se impunha pela força e monopolizava a potência da comunidade, usando-a a seu bel-prazer e atirando os demais – fêmeas e prole – à impotência, à exclusão, à marginalização e, eventualmente, à morte. Uma solidariedade fraterna instala-se, colocando-se contra o sistema natural de domínio. O pai é morto e derrotado. A morte do "pai"/chefe pelos filhos, que precisaram esquecer a rivalidade entre si para vencer a onipotência paterna, impõe a seguir a cultura ou a civilização, ou seja, a renúncia coletiva aos excessos. Pode-se imaginar que, diante da onipotência paterna, não restava à prole outra saída senão a união dos fracos e excluídos que tornará o assassinato possível. Contudo, a rivalidade entre irmãos potencializa-se com a morte do "pai", e a solução pela via da renúncia coletiva aos excessos pulsionais só se torna aceitável porque em sua ausência seria instalado o caos e a luta de todos contra todos. Assim, Freud conduz-nos às origens míticas do psiquismo, mostrando-nos que o parricídio, a culpa pelo crime, a rivalidade fraterna e a persistência da inveja da onipotência paterna permanecem como herança, legado de cada um de nós, inscrito em nosso presente psíquico, operante e vivo nas formas concretas e particulares de constituição subjetiva.

Freud chamou de complexo de Édipo a vivência individual desse legado. Esse mito fundador, Édipo, sobre o qual repousa a doutrina psicanalítica, permite a Freud elucidar as relações do ser humano com suas origens, sua genealogia familiar e entre si. Desse mito decorre a noção de superego, da qual Freud se utiliza para definir as formas de vida em comunidade. Ao analisar as relações humanas no mundo civilizado, ele o faz estabelecendo um paralelo entre as instâncias psíquicas – id, ego e superego –, e as estruturas de organização da vida em comunidade. Assim, fazendo uma analogia com o superego individual, as leis que regem a vida em sociedade são interpretadas por Freud como superego cultural.

O pai da horda primitiva, ao ser morto pela vingança dos filhos, passa a reinar em espírito, de forma sublimada, na memória reverente destes. Analogamente a esse mito, conhecido como mito de Édipo, Freud define o complexo de Édipo, conceito central da psicanálise, que corresponde à representação inconsciente pela qual se exprime o desejo sexual ou amoroso da criança pelo genitor de mesmo sexo. Da elaboração dessa vivência constitui-se o superego.

Representado por um grande líder, o superego da comunidade acompanha, em determinada época, o superego individual. O primeiro espelha-se no segundo. Esse processo pode ser constatado em diversos momentos da história da humanidade, em que se repete a morte do pai primevo que encontrou a divindade depois de sua destruição. Jesus Cristo, segundo Freud, seria um exemplo bastante evidente dessa conjunção fatídica. Tanto o superego individual quanto o superego cultural estabelecem exigências ideais estritas, cuja desobediência é punida pela consciência.

O superego cultural desenvolveu uma série de exigências, entre elas aquelas que tratam das relações entre os humanos – a chamada ética. A ética, ponto mais doloroso de toda a civilização, refere-se ao esforço de alcançar, por meio do superego, a anulação da inclinação constitutiva dos seres humanos para a agressividade mútua. O superego pouco se preocupa com a felicidade do ego e não contempla as dificuldades deste no sentido de atender a suas severas ordens e proibições, ou seja, não considera as forças do id e as forças do meio externo, que se apresentam como oposição às exigências do superego.

A ética do superego cultural desconsidera a constituição psíquica dos seres humanos. Presume que o ego dispõe de domínio ilimitado sobre o id, o que é um grande equívoco. Em nenhuma circunstância, mesmo nos estados considerados de "normalidade", o id pode ser totalmente controlado pelo ego, aliás condição essa de saúde mental.

Na trilha do pensamento freudiano, algumas questões balizaram nossos desenvolvimentos teóricos apresentados a seguir.

O superego cultural, assim como o individual, em sua exigência extremada, levaria a comunidade a uma neurose social? Se esta é uma proposição verdadeira, o que poderíamos dizer dos sintomas da neurose social? E de sua repercussão sobre o indivíduo?

Segundo Freud, toda neurose oculta uma cota de sentimento de culpa, que, por sua vez, fortifica os sintomas, fazendo uso deles como punição. Seria o fracasso escolar um sintoma da neurose social? Em que circunstância encontra na singularidade do sujeito as suas condições de possibilidade? Como definir o sintoma com base em uma perspectiva em que a psique não é, em si mesma, individual ou social, mas desfruta dos assentamentos concretos oferecidos pelo corpo físico e pelo corpo social que a fundam? E, por fim, como escapar da viciada dicotomia indivíduo-sociedade presente nas análises do fenômeno em questão?

Nos últimos anos, temos acompanhado nas ciências humanas uma tentativa de mudança da postura epistemológica. O paradigma emergente funda-se na superação de distinções dicotômicas, tais como natureza/cultura, coletivo/individual, subjetivo/objetivo, teoria/prática. Apoiados nessa nova maneira de produzir conhecimento, buscamos por meio da pesquisa que fundamentou a elaboração deste livro, a superação da tradição dicotômica presente na maioria dos estudos sobre essa problemática, que ora focam o aluno, ora a escola, ora a família, como se cada uma dessas dimensões pudesse existir sem a outra.

Este trabalho tem origem na clínica. Interroga a teoria e procura uma nova direção no tratamento dos problemas de aprendizagem escolar. A prática é nosso ponto de partida e procuramos no próprio método uma produção de conhecimento que venha de encontro à perspectiva pós-moderna.

Partilhamos da posição de Cordié (1996, p. 15), quando afirma que cada época produz suas patologias e que a medicina reluta em admitir a existência de doenças que não possam ser detectadas pelos exames clínicos habituais, biológicos, radiológicos e outros. Para Cordié, por esse motivo, a categoria das neuroses é excluída da cena médica, embora 50% da clientela das clínicas gerais sejam compostas de pacientes que apresentam patologia histérica, porém não mais vista segundo a semiologia clássica: simulação, inautenticidade, comportamento histriônico, teatralismo, etc. O saber médico não pode conceber uma doença que seja a expressão de um conflito psíquico inconsciente e multiplica então os sofisticados exames (raios X, *scanners*, ecografias, etc.), para determinar uma causa que não cessa de escapar, provocando diferentes formas de manifestação da patologia histérica. Como nos diz Cordié (1996, p. 16):

> Quem ousaria, hoje, em nossa cultura ocidental, produzir estes grandes ataques à *la Charcot*? Eles evocam muito, para nossos contemporâneos, os transes observados em certas cerimônias animistas. São raros, também, os acessos catalépticos, as crises letárgicas, as grandes paralisias.

As conversões histéricas hoje se apresentam com nova sintomatologia. A própria terminologia mudou. Os ataques espasmódicos tornaram-se uma doença; a espasmofilia, cujo substrato – a deficiência em cálcio, embora controvertido – apresenta-se com o aspecto científico obrigatório que lhe permite entrar para o círculo das doenças "verdadeiras".

É de notar que "os próprios pacientes encontram outras formulações para suas queixas: eles se colapsam, têm crises de nervos, têm mal-estar, fazem depressão, enfim, 'somatizam'" (Cordié, 1996). Nossa clínica permite-nos corroborar a posição do autor, quando diz que as manifestações da neurose desenvolveram-se em função da evolução do discurso médico:

> A mensagem que o histérico dirige ao outro se nutre dos significantes mestres de sua época. (...) Ele encontra, então, uma outra forma de expressar seu sofrimento, esperando, assim, ser mais bem-ouvido. (Cordié, 1996, p. 16)

A afirmação de Cordié sobre a reiteração de atos médicos, que são frutos de uma época, e sobre os deslocamentos do sintoma decorrentes desses atos permitem ilustrar a importância da superação da distinção psique-mundo, quando pensamos na formação de um sintoma, uma vez que nos interessa refletir sobre as condições em que uma forma de subjetividade faz sintoma na aprendizagem escolar. Em nosso estudo, a distinção psique-mundo perde seus contornos e assume a forma de um *continuum*, quando pensamos na produção desse sintoma, que se apresenta como um fenômeno particular que expõe as entranhas psíquicas do real que o determina.

As publicações mais recentes da psicopatologia mostram que a questão do sofrimento na contemporaneidade, do ponto de vista de sua determinação cultural, é tema recorrente entre os autores da área. A título de ilustração, citemos os trabalhos de Birman (1998), Roudinesco (2000), Minerbo (2000) e Cordié (1996).

Birman, em seu artigo intitulado "A psicopatologia na pós-modernidade: as alquimias no mal-estar da atualidade",[3] buscando circunscrever a especificidade da psicopatologia na pós-modernidade, mostra que as publicações mais recentes revelam o interesse atual da psiquiatria e da psicopatologia por pesquisas sobre depressões, toxicomanias e síndrome do pânico. Para o autor, esse interesse pode ser interpretado com base em modelos de subjetividade promovidos pelo mundo pós-moderno, que, ao mesmo tempo em que produz a patologia, não lhe concede lugar na cena social. Recorre-se então à alquimia como solução mágica para os males da atualidade. Assevera o autor (1998, p. 48):

> Estou afirmando com isso que existe um processo de produção social das toxicomanias, pelas vias da medicalização psiquiátrica e do mercado de drogas pesadas, que encontra *"as suas condições de possibilidade na ética da sociedade do espetáculo e do narcisismo"*. É por isso que, na seriação das grandes perturbações do espírito da pós-modernidade, as toxicomanias se inscrevem lado a lado com as depressões e a síndrome do pânico. (Grifo nosso)

Roudinesco (2000, p. 17), por sua vez, assegura que o sofrimento psíquico manifesta-se atualmente na forma de depressão e esta domina a subjetividade contemporânea, tal como a histeria do fim do século XIX:

> Às vésperas do terceiro milênio, a depressão tornou-se a epidemia psíquica das sociedades democráticas, ao mesmo tempo em que se multiplicam os tratamentos para oferecer a cada consumidor uma solução honrosa.

Ainda dessa perspectiva do sofrimento contemporâneo pensado como sintoma determinado culturalmente, podemos citar a tese de doutorado de Marion Minerbo (1997),[4] que apresenta um estudo sobre o narcisismo em sua expressão como compulsão para comprar roupas de *griffe*. Como atesta Latife Yazigi na apresentação do trabalho, esse é um "aspecto comum em nossos dias". Fabio Hermann, que o prefaciou, e Latife Yazigi apontam o meio cultural e social presente na clínica psicanalítica de Minerbo como a contribuição mais importante desse estudo, posição que compartilhamos plenamente. Para desenvolver suas formulações, a autora expõe um caso cujo sintoma é a compulsão para comprar roupa de *griffe*. Afirma (2000, p. 17-18) que o intuito inicial era compreender Bia e seu sintoma e, em um segundo momento, abordar, de um ponto de vista psicanalítico, a "compulsão para comprar" ou, de um modo ainda mais geral, "comportamentos culturalmente determinados que se tornam sintomáticos"; porém, não estava nos seus planos que este estudo colocasse em crise conceitos centrais da psicanálise.

O trabalho de Minerbo foi desenvolvido em quatro versões interpretativas. A primeira, seguindo a orientação kleiniana, considera a espessura emocional do mundo como projeção psíquica, privilegiando a vertente clínica da psicanálise. A segunda articula psicanálise e sociologia, focalizando a subjetividade na cultura do narcisismo. Para a terceira, a sociedade de consumo é um sistema simbólico determinante da subjetividade. Por fim, a quarta versão considera o inconsciente de uma época: a crise da representação na pós-modernidade e seus efeitos sobre a forma de ser das instituições e dos indivíduos.

Na conclusão de seu trabalho, Minerbo (2000, p. 158) certifica: que há, em nossa época, inúmeros sintomas culturalmente determinados. A bulimia e a anorexia nervosa são bem-conhecidas, porém, muitos comportamentos comuns, cotidianos, podem transformar-se em verdadeiros vícios. "Acode-lhe à memória o caso daquela sua paciente que parecia viciada em sexo, e que depois trocou os parceiros sexuais pela parceira – também viciada – com o computador".

Nessa pesquisa, assim como nos trabalhos de Cordié e Birman, o objeto de investigação sai da prisão conceitual solitária e retorna à vida civil, ou seja, a suas múltiplas dependências culturais e, ao mesmo tempo, incide sobre diferentes sistemas teóricos, que, dialogando, relativizam-se.

É enunciada uma nova forma de produção de conhecimento científico, que, já dissemos, configura um novo paradigma, que se funda na superação da distinção familiar de homem-mundo ou psique-mundo.

Portanto, quando se trata de pensar a questão do fracasso escolar, não podemos ignorar o paradigma emergente e reproduzir um discurso que se fundamenta na análise do social e nega a dimensão individual, ou seja, as condições de possibilidade de uma forma de subjetividade suscetível de fazer sintoma na aprendizagem escolar. Podemos citar inúmeros trabalhos que abordam a questão do fracasso escolar, porém sempre do ponto de vista das condições sociais, sem considerar a dimensão individual e repetindo, assim, o próprio objeto de sua crítica. Ora, esses mesmos estudos que denunciam a negligência das políticas educacionais para com o individual acabam negando esse individual à medida que não reconhecem a singularidade nas condições de possibilidade de um sintoma culturalmente determinado.

Analisando o *continuum* do normal e do patológico que se verifica em relação ao consumo, Minerbo aponta o crescimento da compulsão para comprar (sintoma de Bia); em vários casos, ela ultrapassa o limiar do que é socialmente aceitável e torna-se francamente sintomático. Sua incidência crescente nos leva a crer que para além de uma nova patoplastia,[5] talvez esteja em jogo algum fator patogênico relativo a aspectos socioculturais contemporâneos. Para a autora (2000, p. 26), em outras palavras, é possível que estejamos diante de um novo sintoma, não em função de seu conteúdo, mas porque o sintoma representa uma nova forma de ser, visceralmente dependente da cultura.

Relativamente ao sintoma escolar, como diz Cordié (1996, p. 17), assegura que é de uma patologia recente. Ela surgiu com a instauração da escolaridade obrigatória no fim do século XIX e transformou-se na grande preocupação dos contemporâneos.

O autor afirma ainda que não é somente a exigência da sociedade moderna a causa da problemática escolar, como se pensa muito freqüentemente; a causa estaria também em *um sujeito que expressa seu mal-estar na linguagem de uma época em que o poder do dinheiro e o sucesso social são valores predominantes*. A pressão social serve de agente de cristalização para uma patologia que se inscreve de forma singular na história de cada um.

Ao analisar a importância do sucesso escolar na vida dos contemporâneos ocidentais, Cordié afirma que ser bem-sucedido na escola é ter a perspectiva de acesso ao consumo de bens, o que em nossa cultura significa "ser alguém", possuir o fato imaginário, ser considerado e respeitado. Assim, segundo o autor (1996, p. 21), "o fracasso escolar pressupõe a renúncia a tudo isso, a renúncia ao gozo".

Para Cordié (1996, p. 21), essa incursão pelo domínio social proporciona uma primeira amostragem dos pontos nos quais pode originar-se uma rejeição escolar, "rejeição essa às vezes deliberadamente expressa e assumida, mas em geral ligada a um conflito inconsciente entre os diferentes modos de identificação do sujeito". Como aponta Cordié, Freud forneceu referências para listar os diferentes tipos de identificação que o sujeito coloca em prática para construir seu ego. O ego ideal e o ideal de ego encontram sua fonte, em parte, nos modelos sociais, enquanto o superego está vinculado à posição edipiana do sujeito, ele é "herdeiro do complexo de Édipo".

Antes de prosseguirmos nas discussões acerca dos traumas inconscientes geradores das condições de possibilidades de formação do sintoma escolar, apresentamos dois pontos que consideramos extremamente frágeis nas análises feitas do problema de aprendizagem escolar no Brasil.

O primeiro diz respeito ao fato de que boa parte das pesquisas concebe o problema de aprendizagem escolar como exclusivo das classes mais desfavorecidas. Nossa experiência clínica, bem como nossa atuação como supervisora de estágio em psicologia escolar e problemas de aprendizagem, têm-nos mostrado que esse mal assola também as classes mais abastadas economicamente, tanto quanto as mais desfavorecidas. O trabalho de Cordié (1996) corrobora nosso ponto de vista à medida que revela que tal problemática constitui também preocupação dos franceses, país em que, como sabemos, não prevalecem as injustiças sociais, nem a pobreza que reina no Brasil e, no entanto, um número considerável de crianças fracassa na escola.

O segundo ponto de fragilidade dos estudos dos problemas de aprendizagem em nosso país refere-se à natureza das análises, visto que nelas prevalecem o enfoque social e a negação do sujeito como sujeito do desejo. Nesse sentido, podemos citar os trabalhos de Patto, *Psicologia e ideologia*, cuja primeira edição é de 1984, e *A produção do fracasso escolar*, publicado em 1990, os quais têm sido referência básica em pesquisas sobre o fracasso escolar no Brasil. Nessas obras, assim como em outras que tratam do fracasso escolar, o autor denuncia sua determinação cultural, porém não o concebe em sua dimensão singular como expressão inconsciente do sujeito que revela sua verdade no sintoma escolar.

Para ilustrar nossa afirmação, vamos citar um trecho presente na conclusão de *A produção do fracasso escolar* (1990, p. 349):

A rebeldia pulsa no corpo da escola e a contradição é uma constante no discurso de todos os envolvidos no processo educativo; mais que isto, sob uma aparente impessoalidade, pode-se captar a ação constante da subjetividade. A burocracia não tem o poder de eliminar o sujeito; pode, no máximo, amordaçá-lo. Palco simultâneo da subordinação e da insubordinação, da voz silenciada pelas mensagens ideológicas e da voz consciente das arbitrariedades e injustiças, lugar de antagonismo, enfim, a escola existe como lugar de contradições que, longe de serem disfunções indesejáveis das relações humanas em uma sociedade patrimonialista, são a matéria-prima da transformação possível do estado de coisas vigentes em instituições como as escolas públicas de primeiro grau situadas nos bairros mais pobres.

Muito embora nesses trabalhos esteja presente a idéia de subjetividade, esta é pensada do ponto de vista do sujeito consciente, fruto de uma tradição intelectualista que fundou e norteou a instituição escolar e para a qual a dimensão inconsciente do sujeito nunca obteve o seu verdadeiro reconhecimento.

Etimologicamente, sujeito significa o que é submetido, subordinado a seu inconsciente, que, por sua vez, é afetado pela lógica inconsciente de nossa época, subjacente e fundante de um modo de ser que atravessa todo o tecido social, todas as instituições e, obviamente, o sujeito psíquico singular.

Até aqui, enfocamos o fracasso escolar como sintomático do mundo em que vivemos. Abordamos ainda o papel da escola e da cultura na formação desse sintoma da contemporaneidade. Um sintoma tão complexo, porém, merece abordagens sucessivas de forma que, após considerar as que privilegiam sua estrutura de produção social, passamos à análise que o focaliza em sua particularidade como experiência emocional pensada do ponto de vista da psicopatologia psicanalítica. Vamos iniciar esse percurso tratando da sua especificidade. É justamente sua especificidade que o torna comovente, sinal de um mal-estar – mal-estar da cultura, mal-estar do sujeito.

ESPECIFICIDADE DO SINTOMA ESCOLAR

No plano do imaginário, pensar o sintoma escolar é colocar-se diante de uma urgência, cuja origem está na natureza do sintoma. Em nossa cultura, não cumprir a tarefa primordial da infância, ou seja, não aprender o que é determinado pela escola, traz para a criança severas conseqüências. A expectativa consciente de todo adulto é de que a criança se saia bem na escola, a despeito das condições oferecidas. A severidade do meio para os que não cumprem tal expectativa é da ordem de um superego implacável, com toda a sua destrutividade.

No Capítulo 2, vimos que, com o nascimento da noção de criança escolar, surge a criança normal e a anormal. Aquele que não aprende não corresponde à norma – é anormal e, portanto, excluído. Como nos diz Pain

(1982), muito embora possa ser exatamente esse o efeito inconsciente buscado, a imagem inferiorizada de si, que provoca o não-aprender, redunda dialeticamente na deterioração do sujeito que deve assumi-la. A clínica mostra-nos que o sintoma escolar é a verdade do sujeito que surge da falha do saber; por isso, não podemos desconsiderar a gravidade de seus efeitos para a criança, visto que ela fica à mercê das punições de uma sociedade cujo maior conflito reside na antinomia irredutível entre pulsões de vida e pulsões de morte, na tentativa de sufocar suas forças de destruição. Ao longo da história, vimos a crueldade da humanidade diante dos que ameaçam o seu ideal narcísico.

Do ponto de vista de sua singularidade, o sintoma escolar coloca-nos diante de um impasse: ao mesmo tempo em que não podemos silenciar esse pedido de ajuda, esse mal-estar que não encontra outra forma de "se fazer ouvir", também não podemos ignorar suas conseqüências. A vida da criança de nossa cultura gira em torno da escola, quer ela a freqüente, quer não. A experiência emocional vivida no contexto da escolaridade tem efeito determinante na formação da personalidade. A reação do ambiente (escola e família) à criança que não aprende é, no mínimo, de rejeição.

A prática clínica de todos esses anos com crianças que padecem do problema escolar autoriza-nos a afirmar que essa criança vive uma experiência que pode ser comparada à ausência de "provisão ambiental suficientemente boa", tal como diz Winnicott.

Winnicott, em *Privação e delinqüência* (1999, p. 216), afirma que há um consenso a respeito da idéia de que o desenvolvimento emocional é um processo contínuo que começa antes do nascimento e prossegue ao longo de toda a vida, até a morte.

Para o autor citado, com base nessa idéia comum podem-se estudar as características do processo de desenvolvimento humano e os vários estágios em que existe perigo, seja proveniente do interior (instintos), seja do exterior (deficiência ambiental). Assegura ainda que o exame desse processo de crescimento individual mostra que, quanto mais cedo, maior a importância do fator ambiental, como família e outros grupos (creche, escola, etc.). No que se refere à entrada da criança em outros grupos, os quais, além da família, vão constituir a provisão ambiental, Winnicott (1999, p. 216) afirma que "no início da idade escolar, a escola proporciona uma extensão e ampliação do lar". A criança que não se sai bem na escola não conta, em geral, com a "cobertura" da família e menos ainda da escola.

Cabe aqui a seguinte questão: O que é ir ao encontro das necessidades dessa criança, cuja aprendizagem escolar falha e apresenta-se como um sintoma, um indício de que algo vai mal? Remetendo essa questão à ética do analista e, com base em Winnicott (1994, p. 249-259), poderíamos perguntar: O que seria para o analista adaptar-se e ir ao encontro da necessidade dessa criança, da mesma forma como a mãe suficientemente boa durante o estado de preocupação materna primária é capaz de adaptar-se às necessidades de seu bebê? Qual é a necessidade da criança que apresenta o sintoma "dificuldade escolar"?

Já na apresentação deste trabalho, sinalizamos a nossa preocupação com o lugar destinado ao sintoma, da perspectiva psicanalítica, quando se trata do sintoma "dificuldade escolar". Tal preocupação decorre do fato de que o psicanalista, em sua formação, aprenda a dirigir a sua escuta para as manifestações do inconsciente de seu paciente. Geralmente, relega-se a um segundo plano a configuração propriamente dita do sintoma, ou seja, sua relação com o universo sociocultural. Isso não significa que as relações entre o psiquismo e a cultura sejam ignoradas, mas que não repercutem na clínica.

Assim, o psicanalista aprende a não atribuir demasiada importância ao sintoma em sua acepção clássica. É tão sintomática uma enurese quanto o é um quadro fóbico ou um quadro de dificuldades escolares. O sintoma é compreendido como uma defesa necessária em função da angústia decorrente de conflitos. Ao trabalhar com o foco na angústia, a defesa deixa de ser necessária, e o sintoma desaparece. Sabemos, porém, que é longo o tempo que tal abordagem demanda. Já em 1917, Freud dizia:

> Devemos, por mais cruel que isso soe, cuidar que o sofrimento do doente não encontre, em um grau mais ou menos efetivo, um fim antes do tempo; se ele for reduzido através da decomposição e desvalorização do sintoma, deveríamos, de novo, erigi-lo em outro lugar, como uma carência sensível, senão correríamos o perigo de nunca conseguir mais do que melhoras modestas e não-duradouras. (Conferência XXVII)

O sintoma escolar leva-nos a considerar a fragilidade dessas posições teóricas, visto que não podemos isolar a criança do mundo e desconsiderar seu sintoma. Nossa prática permite afirmar que a especificidade do sintoma escolar exige um tratamento que o leve em conta. Os danos que ele causa na vida da criança são irreversíveis, tanto pela natureza da experiência emocional, que em geral representa uma ameaça ao ego, quanto do ponto de vista maturacional. Além disso, a natureza impõe-nos limites em termos de constituição de condutas intelectuais.

A partir dessas considerações e da afirmação de Winnicott a respeito da "cobertura" da família e da escola para o bom desenvolvimento da criança, e lembrando ainda que tal "cobertura" significa, no dizer do autor, um ambiente facilitador no qual a criança consegue *ser* e *crescer*, sem dúvida a questão do sintoma escolar coloca-se como um grande desafio.

Além disso, a clínica insiste em mostrar-nos que o sintoma escolar denuncia uma incompatibilidade entre demanda e desejo. Demanda de que a criança "aprenda a aprender", de que seja sujeito de sua aprendizagem. Desejo de que seja objeto de satisfação narcísica. Como ser sujeito e objeto ao mesmo tempo? Pensar esse sintoma do ponto de vista de sua determinação cultural é um paradoxo que o ser humano criou para si mesmo. O sintoma escolar é uma forma de sua expressão das mais especiais. A esse respeito, podemos citar a afirmação de Roudinesco (2000):

> Quanto mais a sociedade ocidental apregoa a emancipação, destacando a igualdade de todos perante a lei, mais ela acentua as diferenças e cada um reivindica sua singularidade, recusando-se a identificar-se com as imagens de universalidade. Esse paradoxo está na base de toda educação escolar.

Quanto à singularidade do sintoma escolar, importa-nos que ele está inserido na trama de uma história marcada pelo desejo inconsciente do sujeito. O sintoma precisa ser apreendido na configuração de sua elaboração inconsciente, como uma manifestação endereçada e não, simplesmente, eliminado ou corrigido, já que tem um sentido rigorosamente subjetivo e é portador de uma verdade que necessita ser revelada. Dessa perspectiva, o estatuto do sintoma escolar é particular e leva a um desdobramento possível do processo analítico, uma vez que deve permitir a uma subjetividade o acesso à sua verdade, abandonando assim sua uma posição queixosa diante das experiências do passado e abrindo-se para novos sentidos diante do enigma da existência e da vida. Assim, o problema de aprendizagem escolar é concebido como uma expressão sintomática de conflitos inconscientes, que interpela e faz sofrer e que merece um olhar que o leve em conta, reconheça-o como "acontecer humano", permita decifrar seu sentido e determinar a direção do tratamento.

QUE VERDADE ENCERRA O SINTOMA?

Do sintoma médico ao sintoma psiquiátrico: a verdade da loucura

O sintoma é o cerne da experiência psicanalítica. O "pai da psicanálise" deu especial atenção às histéricas, particularmente a seus sintomas, e promoveu uma mudança radical na relação médico-paciente: um deslocamento do olhar para a escuta. Enquanto o médico ocupava-se da dor, a qual provocava sua observação, sua visibilidade regulamentada, Freud interessava-se pela história de suas pacientes histéricas e, a partir desse deslocamento, a primazia da escuta deixava de lado a visibilidade controlada do sintoma para interessar-se pelos mecanismos que o provocavam.

Sintoma e psicanálise estão, pois, entrelaçados no discurso de Freud, que tem inicialmente a função de libertar o paciente de seus padecimentos. Psicanaliticamente, o sofrimento do paciente não pode ser apagado "antes do tempo" sob o risco de só se conseguirem "melhoras modestas e não-duradouras" (Freud, 1980, v. 16). É essa posição que o sintoma escolar vai interpelar, exigindo da psicanálise um retorno à discussão permanente, ou seja, um colocar-se ainda uma vez a trabalhar.

Com apoio em nossa experiência clínica de atendimento a crianças e adultos, podemos afirmar que as conseqüências do "não aprender" para a criança de nossa cultura são irreversíveis e determinam boa parte de sua vida; o insucesso escolar decide a direção de seu futuro, em uma fase muito precoce da vida, quando ainda não é possível imaginar as conseqüências das renúncias impostas pela trama que resulta no sintoma escolar.

Certamente, muitos colegas já escutaram frases como:

> Eu não conseguia aprender a ler. Tinha muita vergonha das outras crianças. A professora brigava comigo toda aula. Quase todo dia apanhava de minha mãe por causa da lição. Eu era uma criança muito infeliz, odiava a escola. Acabei não estudando. Até hoje, tenho vergonha de dizer que só concluí o ensino fundamental. Não tenho coragem nem de fazer um curso de computação. Acho que devo ter algum problema, nunca consegui aprender nada. Já sofri muito por isso. Detesto minha profissão. Sou vendedor; sem estudo, o que eu poderia fazer? O que eu queria mesmo era ser advogado, mas sei que jamais conseguiria fazer um curso de Direito. Essa é a maior frustração de minha vida.

Um sofrimento dessa natureza não é privilégio de nossa clínica. No entanto, é preciso ter olhos para ver e sensibilidade para aquilatar essa realidade que insiste em se mostrar: um sintoma cultural que encontra condições de possibilidade em uma subjetividade.

O sintoma não é um conceito específico da teoria psicanalítica. Faz parte do cotidiano da medicina, do campo social, do senso comum.

Interessa-nos, porém, compreender como o sintoma médico tornou-se um sintoma psicanalítico e, principalmente, discutir as conseqüências da segunda abordagem para a criança que faz sintoma escolar na atualidade.

A utilização do termo *sintoma* em ampla gama de situações na medicina parece não gerar grandes polêmicas. Trata-se etimologicamente de um fenômeno que coincide, índice do processo patológico subjacente do qual é efeito, apontando para uma alteração mórbida sem, contudo, traduzi-la. Para a medicina, há no sintoma uma objetividade, isto é, a possibilidade de sua constatação pela inspeção clínica, por meio da sensopercepção direta ou de artifícios propedêuticos. Há também uma mediação subjetiva, pois o sintoma é relatado pelo sujeito que sofre a afecção, algo como a expressão vivencial do *morbus*. Mesmo referido ao corpo, subsiste a dimensão psíquica do sintoma. A possibilidade, porém, de verificação do processo por outras vias faz do sintoma uma evidência indutiva, mais ou menos sólida, de uma enfermidade.

Entretanto, quando se trata de psicopatologia, a questão é de outra ordem, pois implica pressupostos filosóficos que estão na origem da medicina psiquiátrica. Não havendo fundamentação somática que permita a confirmação da patologia, o sintoma vai reinar soberano até o advento da psicanálise, quando ficará relegado a uma posição de inferioridade. O psicanalista concentra a escuta nas manifestações do inconsciente de seu paciente, relegando, em geral, a segundo plano, a natureza do sintoma e sua relação com determinado universo sociocultural.

Vimos no Capítulo 2 que, desde Descartes, a representação é o lugar de morada da verdade. O problema central é saber se chegamos a ela pela via da razão ou pela via da experiência. Racionalistas e empiristas diferem sobretudo quanto ao caminho a tomar, mas ambos sabem aonde querem ir: ao reino da verdade, da universalidade, da identidade. Platão é inspirador e guia nessa caminhada.

A modernidade mantém os mesmos objetivos e exigências do discurso platônico. O pensamento ocidental, profundamente marcado pelo platonismo, tem como ideal a constituição da Ciência, concebida como o verdadeiro conhecimento e o conhecimento da Verdade. Essa forma de pensar significou um modo de conceber a vida, que privilegia certos métodos, temas e soluções. Dentro desse panorama, além da escola, nasceram a medicina como ciência e as noções de doença, de loucura, de tratamento, de cura e outras que irão constituir o saber psiquiátrico da época.

Em "O nascimento da clínica", Foucault mostra que a experiência clínica constitui um conhecimento e que a medicina, apoiada no espaço, na linguagem e na morte, tornou-se ciência do homem. Ele chamou o método utilizado para a elaboração desse conhecimento de anátomo-clínico.

Segundo Foucault (1998, p. 142), a medicina só pode ter acesso ao que a funde cientificamente, ou seja, o estudo de cadáveres, com o Iluminismo. Até então, a religião, a moral e os preconceitos colocavam nos limites do proibido a abertura dos cadáveres. Para o autor citado, foi preciso convocar uma história transfigurada que explicasse a abertura dos cadáveres antes que a anatomia patológica fosse admitida como prática regular científica:

> Graças à coragem dos saberes clandestinos que suportavam a maldição, só se dissecava ao amparo de duvidosos crepúsculos, no grande medo dos mortos: no fim do dia, quando a noite se aproximava, Valsava penetrava furtivamente nos cemitérios para estudar à vontade os progressos da vida e da destruição. (Rostan, 1826, em Foucault, 1998, p. 142)

Para Foucault, essa reconstituição é historicamente falsa, pois em 1754 a clínica de Viena já tinha uma sala de dissecção, assim como já existia um decreto que ordenava aos diretores de hospitais que fornecessem cadáveres aos professores para as demonstrações de anatomia e o ensino das operações cirúrgicas. Todavia, a conjuração negra da dissecção pela igreja tornava necessária a ilusão de que o cadáver não pertencia ao campo médico, e trouxe como conseqüência um atraso na constituição de um saber que integrasse experiência clínica e análise patológica; portanto, um atraso na constituição da medicina científica.

Para Foucault (1998, p. 226), quando a morte se integrou epistemologicamente à experiência médica, a doença pôde desprender-se da contranatureza e "tomar corpo no corpo vivo dos indivíduos". Definiu-se então um uso absolutamente novo do discurso científico: uso de fidelidade e obediência incondicional ao conteúdo colorido da experiência – dizer o que se vê; mas uso também de fundação e de constituição da experiência – fazer ver, dizendo o que se vê. A constituição da anatomia patológica na época em que os clínicos definiam seus métodos não se deve a uma coincidência: o equilíbrio da experiência desejava que o olhar colocado sobre o indivíduo e a linguagem da descrição repousassem no fundo estável, visível e legível da morte.

Ao desvario e incertezas da consciência no século XVI seguiram-se a ordem e a racionalidade da consciência do século XVII.

O século XVII realizou a partilha da razão e desrazão; nele ocorreu a emergência da loucura, ou, melhor dizendo, foi um momento em que a razão produziu a loucura, pois até então não havia o louco como entidade diferenciada. Segundo Foucault, o que se tem até essa época é a consciência da "diferença" que não era perfeitamente delimitada, que não possuía um estatuto definido. Muitas vezes, a loucura era tida como forma de suprema sabedoria, outras vezes como possessão demoníaca ou divina.

Foi com Descartes e a famosa primeira frase das *Meditações* que se concretizou, no século XVII, a idéia de que a loucura talvez fosse inerente ao próprio pensamento:

> E como poderia eu negar que estas mãos e este corpo são meus, a não ser que me compare àqueles insensatos cujo cérebro é tão perturbado e ofuscado pelos negros vapores da bile, que eles constantemente asseguram ser reis, quando são muito pobres, estar vestidos de ouro e púrpura, quando estão nus, ou imaginam ser cântaros ou ter um corpo de vidro? Mas, qual! Eles são loucos, e eu não seria menos extravagante se me pautasse por seus exemplos. (Roudinesco e Plon, 1998, p. 478)

A visão cartesiana do mundo não só denuncia a loucura, como também impõe a delimitação de razão e desrazão. Não resta lugar para a dúvida, pois, como vimos, apoiando-se na dúvida, Descartes chega à certeza do *cogito* feito razão.

Da denúncia da loucura surge a consciência de seus modos de aparição. Esse é o momento em que a loucura emerge como objeto do saber e não apenas como diferença a ser segregada e asilada. Esse saber, todavia, constitui-se das formas de manifestação da loucura, de seus sintomas.

A produção da loucura, dentro desse contexto, implica tanto um conjunto de práticas de dominação e controle como a elaboração de um saber cujo objetivo é, segundo Foucault, justificar o conjunto de práticas que se articulam no interior do espaço do asilo. O saber funcionava apenas, se apontasse de forma absoluta, por meio dos sintomas, se o indivíduo era ou não louco. Não interessava saber se existia alguma razão na loucura. O tratamento consistia no controle disciplinar do indivíduo, que deveria ser domado. É importante lembrar que nessa mesma época surge a escola com o objetivo de higienizar e disciplinar as crianças.

Na impossibilidade de encontrar um substrato material da loucura, isto é, de encontrar no corpo a sua causa, buscam-se os antecedentes da doença na família, por meio do interrogatório, que funcionava como prova de verdade.

Durante os séculos XVIII e XIX, permanece a questão: Que é a loucura? A preocupação consiste em distinguir a loucura da simulação. Dessa preocupação nasce a psiquiatria. O termo psiquiatria generalizou-se no início do século XIX, em substituição à antiga medicina alienista, da qual Philippe Pinel (1745-1826), fundador do manicômio moderno, fora um dos grandes representantes na era clássica.

Com Pinel, a loucura passa a ser vista como uma doença. Cria-se o manicômio e mais tarde o hospital psiquiátrico. O louco vai ser tratado com a ajuda de uma nosografia.

O psiquiatra já era capaz de distinguir a loucura, mas não sabia o que ela era. A loucura deveria ser segregada e asilada. Nesse sentido, podemos dizer que a função do sintoma era de exclusão: "Sei que não sou louco e sei quem é louco, mas não sei o que é a loucura". Além do mais, o sintoma devia ser controlado.

Segundo Foucault, a primeira mudança na concepção de loucura é proporcionada pelos experimentos de Moreau de Tours, no século XIX.

Tours aplica ópio em seus pacientes, a fim de determinar a verdade ou a falsidade da loucura. Em seguida, decide aplicar haxixe a si mesmo para produzir os mesmos sintomas da loucura e poder retornar ao estado normal. A partir daí, a relação da psiquiatria com a loucura deixa de ser de exterioridade e passa a ser com a própria loucura, ou seja, deixa de conceber a verdade da loucura independente da razão que a pensa.

A noção de normal e patológico modifica-se e passa a ser concebida com o mesmo pano de fundo. Segundo Tours, o sonho reproduz as características da loucura. Freud, posteriormente, retomará essa questão.

Ainda na metade do século XIX, surge a novidade que bem poderia ser considerada como "o intuir do efeito terapêutico". A novidade é de Franz Anton Mesmer, doutor em medicina pela Universidade de Viena, que, partindo do pressuposto de que os seres animados estavam sujeitos às influências magnéticas, experimentou clinicamente a eficácia do magnetismo. Para Roudinesco (2000, p. 39):

> Homem do Iluminismo, este queria arrancar da religião a parte obscura da alma humana apoiando-se na falsa teoria do magnetismo animal, que viria a ser abandonada por seus sucessores. Ele cuidava de histéricas e de possessas sem a ajuda da magia, unicamente pela força de um poder de sugestão.

Apoiado nessas experiências, Mesmer conclui que não há necessidade de ímãs, visto que era suficiente o contato de sua mão para atingir o efeito terapêutico desejado. O êxito obtido por Mesmer torna-o famoso. Como, porém, não podia atender às solicitações de todos os atendimentos, inventou um método de magnetização em grupo, que chamou de fluidismo, que consistia em colocar várias pessoas em uma tina com água e magnetizá-las em conjunto, pois, segundo Mesmer, a água funcionaria como um fluido magnético e atingiria todos os que estivessem mergulhados na tina.

Pela popularidade obtida com o fluidismo, Mesmer foi condenado por charlatanismo, pelo governo e pela comunidade científica da época. Segundo a conclusão da comissão que o condenou, não existia nenhum fluido magnético e a cura dava-se pelo efeito da imaginação.

O efeito de sugestão presente no mesmerismo constitui o princípio da técnica hipnótica empregada inicialmente por Freud.

Segue-se ao fluidismo uma nova técnica inventada por James Braid: a hipnose, por muito tempo conhecida por braidismo. Como não fazia apelo a nenhum fluido, o efeito hipnotizador dependia apenas do estado físico e psíquico do paciente. Mais uma vez, o objetivo era a eliminação do sintoma. O psiquiatra passava a ter o controle sobre o corpo e a mente do paciente, podendo domesticar seu comportamento. É com base na hipnose de Braid que Charcot realiza seus estudos a respeito da histeria.

No século XIX, a anatomia patológica dá à medicina o *status* de ciência. As doenças são divididas em dois grupos: as que apresentam uma sintomatologia regular e lesões orgânicas identificáveis, e as que manifestam perturbações sem lesão, nas quais a sintomatologia era irregular.

Charcot (1825-1893), neurologista e professor de anatomia e patologia da Faculdade de Medicina de Paris, inicia suas pesquisas sobre o tratamento da histeria, acreditando na existência de um correlato orgânico nas manifestações histéricas, devido à regularidade da sintomatologia.

Charcot introduz a histeria no campo das perturbações fisiológicas do sistema nervoso. Em suas pesquisas com histéricas, utilizava a hipnose e mostrava que a histeria, assim como a hipnose, envolviam mudanças fisiológicas no sistema nervoso.

Em 1885, Freud vai a Paris e assiste ao curso de Charcot. Em seguida, procura, por meio de drogas e da hipnose, obter a regularidade do quadro histérico e assim alçar definitivamente a histeria ao campo da neurologia.

O resultado dessas experiências transforma-se em um problema para Charcot: a fabricação da sintomatologia da crise histérica em suas apresentações clínicas revela que a histeria não tinha nenhuma relação com o corpo neurológico e, sim, naquele momento, com o desejo do médico.

Persistia a questão do diagnóstico diferencial e do diagnóstico absoluto. Para superar esse impasse, Charcot entendia que o sistema nervoso era dotado de uma predisposição hereditária para, em decorrência de um trauma psíquico, produzir um estado hipnótico que tornava a pessoa suscetível à sugestão. O trauma formaria um estado hipnótico permanente, que poderia ser objetivado corporalmente por uma paralisia, uma cegueira ou qualquer outro tipo de sintoma. O estado hipnótico que o médico produzia na clínica seria uma injunção desse tipo, só que temporária. Nela, o papel da sugestão era idêntico ao desempenhado na situação traumática, com a diferença de não ser permanente.

Podemos observar que há uma verdadeira obstinação do homem moderno em encontrar no organismo as razões de um sintoma e rapidamente eliminá-lo, antes que a humanidade possa questionar a racionalidade científica. Nesse aspecto, o homem contemporâneo preserva a tradição da modernidade.

Nesse momento, fazemos um parênteses, para justificar ao leitor a nossa insistência nos desdobramentos históricos acerca do saber sobre o homem. Trata-se de ressaltar o lugar do sintoma determinado pelas estruturas sociais de alienação no saber. Conforme diz Barthes (1987, p. 10-14), as estruturas sociais de alienação no saber incluem certos modos estruturados de pensar, que estabelecem o que escutar, o que dizer e o que fazer. São as instituições que determinam diretamente a natureza do saber humano, ao impor seus modos de divisão, de classificação. Exatamente como uma língua, por suas rubricas obrigatórias, leva a pensar de certa maneira.

Para Foucault (1998, p. 227), foi decisivo para a cultura o fato de o homem ocidental ter-se constituído, a seus próprios olhos, como objeto da ciência, apoiado no discurso sobre sua própria destruição: "Da experiência da desrazão nasceram todas as psicologias e a própria possibilidade da psicologia; da colocação da morte no pensamento médico nasceu uma medicina que se dá como ciência do indivíduo".

Assim, a instituição médica, marcada por sua origem na morte do homem, insiste em fazer calar o que o inconsciente fala. Vimos no início deste capítulo que hoje, embora 50% da clientela das clínicas gerais sejam compostas de pacientes que apresentam patologia histérica, esta é excluída da cena médica. Vimos ainda, ao longo da história do pensamento moderno, a obstinação dos homens a fim de encontrarem um substrato somático que fundamente as psicopatologias. Acreditamos que o impulso da psicofarmacologia na contemporaneidade seja ainda reflexo dessa obsessão e que seu sucesso se deve à eficácia na supressão imediata de um sintoma. Uma vez que a psicanálise nos ensina a relegar o sintoma a segundo plano, não existe ao longo do tratamento analítico a preocupação em livrar o paciente dos seus efeitos. Sendo uma defesa necessária em função da angústia decorrente de conflitos, o psicanalista trabalha tendo como foco a angústia, de forma que quando a defesa deixa de ser necessária, o sintoma desaparece.

Estaríamos, em pleno século XXI, vivendo um retorno à época de Charcot? O que aconteceu com a psicanálise que em toda a parte é posta em concorrência com a farmacologia? Diante da especificidade do sintoma escolar, os psicanalistas simplesmente não devem atribuir importância ao sintoma?

Para essa segunda questão, Roudinesco (2000, p. 29) responde:

> Se hoje a psicanálise é posta em concorrência com a psicofarmacologia, é também porque os próprios pacientes, submetidos à barbárie da biopolítica, passaram a exigir que seus sintomas psíquicos tenham uma causalidade orgânica. Muitas vezes, aliás, sentem-se inferiorizados quando o médico tenta apontar-lhes uma outra via de abordagem.

A razão apontada por Roudinesco seria de fato a única causa do declínio da psicanálise? Ou a resistência dos psicanalistas (e não da psicanálise, uma vez que cabe aos psicanalistas avançar nos estudos a respeito da relação psique-mundo) em reconhecer o estatuto do sintoma coloca-a em crise?

Retomemos o percurso da psicanálise, procurando iluminar essas questões. Vimos que, diante da impossibilidade de objetivar a histeria, Charcot elabora a teoria do trauma. Como não encontra a sede da doença no corpo, surge a necessidade de o paciente relatar sua história pessoal a fim de que o médico possa identificar o trauma responsável pela histeria.

O que Charcot não esperava era que dessas narrativas surgissem sistematicamente histórias cujo componente sexual desempenhava papel preponderante. Estava selado o pacto entre a histeria e a sexualidade; pacto esse que foi recusado por Charcot e que se transformou em ponto de partida e núcleo central da investigação freudiana.

A teoria do trauma psíquico tem profunda repercussão sobre os escritos iniciais de Freud e, paradoxalmente, constitui-se no obstáculo maior à elaboração da teoria psicanalítica. Até que superasse a teoria do trauma, a sexualidade infantil e o complexo de Édipo não puderam entrar em cena, posto que nela os sintomas neuróticos permanecem dependentes de um acontecimento traumático real que os produziu e não das fantasias edipianas da criança (cf. Mannoni, 1976, p. 35-36).

Assim, Freud, em uma conferência pronunciada em 1893 "Sobre o mecanismo psíquico dos fenômenos histéricos", sustenta que os fundamentos mais diretos para a gênese dos sintomas histéricos devem ser procurados – em ruptura com a psiquiatria – no âmbito da vida psíquica. Inaugura, assim, o campo da psicanálise, que vai revolucionar a clínica médica, subvertendo o estatuto do sintoma. Passado mais de um século, será esse o momento de mais uma vez rever o estatuto do sintoma? É preciso nos perguntarmos sobre as formas de subjetividade de nossa época, considerando a historicidade da psique e as formas psicopatológicas tipicamente contemporâneas. Nesse sentido, Herrmann (1994) nos traz uma importante contribuição, ao propor o conceito de psique do real[6] – conjunto inconsciente de pressupostos que determinam as formas de ser possíveis para uma época, significações operantes em níveis individual e institucional. Definindo-a como forma lógico-emocional do mundo, a psique não é propriamente coletiva ou individual, mas psique do real, e só se dá para ver no mundo (Herrmann, *Mal-estar da cultura e a psicanálise no fim do século,* 1994, p. 308-309).

Psicanálise freudiana e sintoma: o sintoma e sua verdade

Para compreendermos o lugar destinado ao sintoma, é preciso acompanhar o raciocínio clínico que levou o pai da psicanálise a construir a teoria psicanalítica. Sua descoberta de que o sintoma tem um sentido se contrapõe à lógica da medicina e lança as bases desta nova área do saber. Em que pese a importância histórica do sintoma, do ponto de vista terapêutico ele nunca chegou a ser mais valorizado do que outras produções psíquicas. É a angústia que sempre ocupou um lugar privilegiado, por torná-lo necessário. Quando se trata do sintoma escolar, cuja lógica parece dissolver-se na lógica social, como nos aponta Cordié (1996), é preciso rever a teoria da solução defensiva. Vamos então acompanhar o pensamento psicanalítico acerca do sintoma e a ética que vai-se configurando com base nos desdobramentos teóricos de Freud.

Sintoma é um conceito que marca o início da psicanálise e a sua ruptura com a clínica médico-psiquiátrica. A partir do momento em que Freud inicia o seu trabalho, o sintoma constitui para ele um enigma, que o leva a descobrir a existência do inconsciente e a construir os conceitos fundamentais da psicanálise.

O sintoma na psicanálise passa a ter o estatuto de conceito que se articula com outros conceitos da teoria e deixa de ser concebido apenas em conta de sua evidência empírica, como na medicina.

Em 1916, Freud (1980, v. 16, p. 301-303), em "Psicanálise e psiquiatria", mostra a proposta da psicanálise quanto ao modo de conceber o sintoma: onde a psiquiatria encerra e tem como objetivo o sintoma, a psicanálise interroga-o e o faz falar.

Na obra de Freud, há diferentes articulações conceituais, resultado de reelaborações que têm sempre como ponto de partida os problemas que intenta abordar. Essas articulações estão vinculadas às vicissitudes da prática, no entanto se mantém, nos diversos momentos de suas formulações, o caráter do sintoma como expressão do inconsciente, da mesma forma que os sonhos, os atos falhos e os chistes.

Em toda a sua obra, Freud entende que o sintoma tem um sentido que pode ser interpretado, seguindo os caminhos do inconsciente e suas operações de deslocamento e condensação. Apoiado no desenvolvimento da formação do sintoma, chega à noção de resistência e compulsão à repetição. Articula o sintoma a uma perspectiva econômica vinculada ao prazer e desprazer com os problemas de sua transcrição simbólica.

A primeira hipótese de Freud sobre o sintoma psicanalítico, apresentada em 1894, no artigo "As neuropsicoses de defesa", consistia em buscar suas raízes no trauma sexual. O sujeito, diante de uma experiência de incompatibilidade em sua vida representativa, isto é, de confronto do eu com uma experiência, uma representação ou um sentimento que suscita um afeto aflitivo, decide esquecê-lo. A resposta do sujeito, segundo Freud, é um ato de vontade. Há disjunção entre o afeto e a representação; o afeto passa para outra representação mais aceitável que concilia os inconciliáveis. Outra representação substitui a primeira, e a primeira é, assim, destituída, recalcada.

Com base em estudos sobre histeria, Freud, coerente com sua disposição em escutar, desenvolve a "teoria da sedução infantil traumática", segundo a qual a histeria era fruto de um abuso sexual realmente vivido pelo sujeito na infância. Em seguida, renunciou a ela e formulou a "teoria da fantasia". Em seus "Estudos sobre histeria" (1893-1894), Freud propõe os conceitos que possibilitam uma nova apreensão do inconsciente: recalcamento, ab-reação, defesa, resistência e conversão.

Em 1908, em "As fantasias histéricas e sua relação com a bissexualidade", Freud (1980, v. 9, p. 166) afirma que o

> (...) método de investigação psicanalítica, que dos sintomas visíveis conduz às fantasias inconscientes ocultas, revela-nos tudo o que é possível conhecer sobre a sexualidade dos psiconeuróticos (...) a relação das fantasias com os sintomas não é simples, mas, ao contrário, bem complexa.

Descortina-se, aqui, a natureza eminentemente subjetiva do método psicanalítico. Já não importa se uma criança foi, de fato, seduzida por algum adulto com quem mantém intensas relações afetivas. O que importa é a elaboração psíquica *a posteriori* das lembranças afetivas infantis. Com a fantasia, o fato da sedução deixa de ter valor epistemológico e cede lugar à experiência estritamente psíquica.

Assim, Freud propõe-se a esgotar progressivamente a natureza dos sintomas histéricos, apresentando uma série de formulações em que algumas examinam os fatos de forma cada vez mais completa e delineada; outras representam a aplicação de pontos de vista diferentes, como podemos verificar em escrito de Freud publicado em 1908 (1980, v. 9, p. 167-168):

1. Os sintomas histéricos são símbolos mnêmicos de certas impressões e experiências (traumáticas) operativas.
2. Os sintomas histéricos são substitutos, produzidos por "conversão", para o retorno associativo dessas experiências traumáticas.
3. Os sintomas histéricos são – como outras estruturas psíquicas – uma expressão da realização de um desejo.
4. Os sintomas histéricos são a realização de uma fantasia inconsciente que serve à realização de um desejo.
5. Os sintomas histéricos estão a serviço da satisfação sexual e representam uma parcela da vida sexual do sujeito (uma parcela que corresponde a um dos constituintes do seu instinto sexual).
6. Os sintomas histéricos correspondem a um retorno a um modo de satisfação sexual que era real na vida infantil e que desde então tem sido reprimido.

7. Os sintomas histéricos surgem como uma conciliação entre dois impulsos afetivos e instintuais opostos, um dos quais tenta expressar um instinto componente ou um constituinte da constituição sexual, enquanto o outro tenta suprimi-lo.
8. Os sintomas histéricos podem assumir a representação de vários impulsos inconscientes que não sexuais, mas que possuem sempre uma significação sexual.
9. Os sintomas histéricos são a expressão, por um lado, de uma fantasia sexual inconsciente masculina e, por outro lado, de uma feminina.

Entre 1916 e 1917, escreve *Teoria geral das neuroses*. Os sintomas neuróticos, observa Freud, assim como as parapraxias e os sonhos, possuem um sentido e têm íntima conexão com a vida que os produz. Por meio de dois fragmentos de análise de um sintoma obsessivo, o autor propõe-se a apresentar a gênese, a construção e o sentido de um sintoma.

Em todo o percurso de sua obra, Freud destaca que os sintomas possuem uma intenção e um sentido que revelam traços singulares, específicos a cada um, assim como evidenciam a determinação de íntima conexão entre o sintoma e o inconsciente. Trata-se aqui de uma relação inseparável entre o fato de o sentido do sintoma ser inconsciente e a possibilidade de ele existir; é necessário um sentido inconsciente para que o sintoma possa emergir. Explicita ainda que, no paciente, a existência de determinados processos mentais definidos contém o sentido de um sintoma.

Em 1917 [1916-1917], escreve "O sentido dos sintomas" (Conferência XVII). Freud (1980, v. 16, p. 321) afirma:

> Se os sintomas, isoladamente, são tão inequivocamente dependentes das experiências pessoais do paciente, resta a possibilidade dos sintomas psíquicos remontarem a uma experiência que é típica em si mesma – comum a todos os seres humanos.

Freud, ainda em 1917, sustenta que o ataque histérico pode ser convocado a serviço da tendência primária como expressão do refúgio da doença e a serviço das tendências secundárias com que se uniu à condição patológica. Na Conferência XXIV (v. 16), comenta que no subterfúgio da neurose, em condições usuais, depara o eu com um ganho interior da doença. E em muitas situações de vida, associa-se a este uma vantagem exterior palpável – trata-se do ganho da doença externa ou acidental. Freud (1980, v. 16, p. 447) assevera:

> O que acabei de lhes contar sobre o ganho da doença favorece por completo a concepção de que é o próprio eu que quer a neurose e a cria. (...) o eu concorda com a neurose que não pode impedir e tira dela o maior proveito, se é que pode tirar algum. (...) Em regra geral logo se adverte que o eu fez mau negócio abandonando a neurose. Pagou caro demais um alívio do conflito, e os sofrimentos ligados aos sintomas são talvez um substituto equivalente às mortificações do conflito e ainda provavelmente implicam uma quantidade maior de desprazer.

Posteriormente, em 1923,[7] Freud, em uma longa nota de rodapé acrescentada ao artigo "Fragmento da análise de um caso de histeria", mostra que o sintoma é, em primeiro lugar, na vida psíquica, um hóspede malrecebido. Cumpre, porém, um importante encargo dentro da economia psíquica: um alívio do conflito por meio do desprazer dos sintomas, o que Freud chamou de ganho primário. Em seguida, o eu concorda com a neurose que não pode impedir e considera cômodo servir-se do sintoma. Alcança, assim, uma função secundária.

> O motivo para ficar doente é em todos os casos o propósito de obter um ganho. Em toda doença neurótica deve-se reconhecer um ganho primário e um ganho secundário.

O ficar doente poupa, antes de tudo, uma operação psíquica: apresenta-se como a solução economicamente mais cômoda em caso de conflito psíquico, mesmo que, na maioria das vezes, se revele depois inequivocamente o caráter inadequado dessa saída. E a nota referida apresenta:

> Esta parte do ganho primário pode se chamar interna, psicológica; e é constante. Além disso, fatores externos proporcionam motivos para ficar doente e assim constituem a parte externa do ganho primário da doença.

Freud, em 1924 (1980, v. 19, p. 205), ainda relaciona o sintoma ao masoquismo erógeno primordial, um componente da libido que continua tendo como objeto o próprio sujeito e "uma testemunha e um resto do amálgama entre Eros e pulsão de morte", desembocando, assim, no paradoxo do prazer na dor.

Daí que a satisfação em padecer, como sentimento inconsciente de culpa ou necessidade de castigo, é o elemento mais forte do já mencionado ganho da doença que selará a sorte do sintoma.

Para Freud (1980, v. 19, p. 207), no artigo "O problema econômico do masoquismo" (1924), a satisfação em padecer, logo, a manutenção do sintoma, decorre do sentimento inconsciente de culpa:

> A satisfação desse sentimento inconsciente de culpa é, talvez, o mais poderoso bastião do indivíduo no lucro (geralmente composto) que aufere da doença – na soma de forças que lutam contra o restabelecimento e se recusam a ceder seu estado de enfermidade.

Como ganho da doença, o sintoma marca para Freud o início de uma mudança que o levará a redefinir o conceito psicanalítico de cura. A partir daí, a expressão *psicopatologia* adquire especificidade psicanalítica, e o tratamento não visa à supressão da dor presente no sintoma, como ainda hoje pretende a psiquiatria, mas ao reconhecimento psíquico, tão amplo quanto possível, de que a dor é intrínseca ao psiquismo, ao princípio do prazer que funda o psiquismo.

A meta do psicanalista, ao longo do tratamento psicanalítico, não é a eliminação da neurose, e tampouco ajudar o neurótico a superar o seu sofrimento. Ao contrário, o sofrimento é o motor do tratamento e não deve ser amenizado, a não ser com o grave risco de se interromper o tratamento. A situação analítica procura fazer vir à tona uma neurose – neurose de transferência – que está presente no paciente, mas que só se manifesta graças ao deslocamento de significados para a figura do analista, significados que tornam manifestos conflitos intrapsíquicos constitutivos da neurose. A experiência analítica deve levar à dissolução da neurose de transferência, que ocorre com a modificação da posição subjetiva que se expressa, por sua vez, nas associações livres e nas resistências que estas suscitam. É importante ressaltar que a dissolução da neurose de transferência não significa a sua eliminação, mas o aumento da flexibilidade psíquica, especialmente em relação às fixações, ou seja, às intermináveis repetições que ocorrem na vida do sujeito e produzem a dor.

É em "Rememoração, repetição e perlaboração" (1914) que Freud (1980, v 12, p. 201) introduz a noção de neurose de transferência relacionada com a idéia de que o paciente repete na transferência os seus conflitos infantis:

> Desde que o paciente consinta em respeitar as condições de existência do tratamento, conseguimos regularmente conferir a todos os sintomas da doença um novo significado transferencial, substituir a sua neurose comum por uma neurose de transferência de que pode ser curado pelo trabalho terapêutico.

Na neurose de transferência, todo comportamento patológico do paciente renova-se na sua relação com o analista. Poder-se-ia dizer, por um lado, que a neurose de transferência coordena as reações de transferência a princípio difusas e, por outro, que ela permite que o conjunto dos sintomas e comportamentos patológicos do paciente assuma uma nova função, referindo-se à situação analítica. Para Freud, a instauração da neurose de transferência é um elemento positivo na dinâmica do tratamento:

> O novo estado assumiu todas as características da doença, mas representa uma doença artificial por todos acessível às nossas influências. (cf. Laplanche e Pontalis, 1988, p. 398-399)

Dessa perspectiva, podemos dizer que o mecanismo da transferência descoberto por Freud através do estudo da histeria suscita a psicanálise. A transferência de Ana O. provoca a constituição de um método clínico de tratamento da neurose, uma nova epistemologia segundo a qual o saber clínico ocorre na transferência.

A primazia da escuta na clínica psicanalítica produz uma revolução científica; ela funda-se na convicção de que a doença contém um ensinamento que só se aprende pela escuta da expressão dramática da dor.

Assim, juntamente com os estudos sobre o sintoma, Freud vai configurando uma ética da psicanálise, que decorre de sua natureza subjetiva. Como vimos, inicia seus estudos a partir dele, e em "Estudos sobre a histeria" deixa claro a relação do sintoma com o gozo proibido, a presença paradoxal do sofrimento e da satisfação, falando de algo por meio dos sintomas de conversão apresentados pelas histéricas. Escutando esses pacientes, Freud aprendeu que o sintoma é um enigma a ser decifrado, uma palavra que não pode ser dita, substituição de uma satisfação proibida articulada ao desejo. Freud, ao mostrar o caráter repetitivo do sintoma e sua relação com a fantasia ensina-nos ainda o sentido psicanalítico da psicopatologia: não há simplesmente o normal e o patológico, mas também a possibilidade da experiência interna do psicopatológico.

Da perspectiva freudiana, não há normalidade. A normalidade seria um estado perdido para sempre – o estado nirvânico –; nele não haveria dor nem representação. A busca incansável da normalidade, para sempre perdida, é a mais potente central geradora de energia do ser humano, que o leva às mais incríveis invenções, que são sempre sintomas, isto é, tentativas mais ou menos fracassadas de cura do excesso, da dor, do *pathos*, do sofrimento (cf. Berlinck, 2000, p. 28).

Berlinck (2000, p. 54) afirma:

> O psiquismo é uma grande invenção humana que possui seus limites. Talvez a capacidade criadora do homem encontre, um dia, uma solução para a insuficiência imunológica psíquica, que é própria da alma humana. Mas enquanto isso não ocorre, corremos o risco de inventarmos novos sintomas para velhas neuroses.

Considerando as principais articulações teóricas de Freud relativas ao conceito de sintoma, podemos afirmar que, em sua essência, o posicionamento apresentado mantém-se ao longo de sua obra e que suas observações sobre os sintomas subvertem o saber sobre o homem.

NOTAS

1. Freud utiliza o termo *Eros* em sua teoria das pulsões, para indicar o conjunto de pulsões de vida que se opõem às pulsões de morte (cf. Silva, 1994, p. 119). *Tânatos* é o termo empregado para destacar "o caráter radical do dualismo pulsional, conferindo-lhe um significado quase mítico" (Silva, 1994, p. 126).
2. Freud, em 1920-1923 (1980, v. 19), em sua segunda teoria do aparelho psíquico, distingue id, ego e superego. O id constitui o pólo pulsional da personalidade, com conteúdos inconscientes. É nele que estão localizados as fontes primitivas que contêm as paixões e os desejos do homem. Contrapondo-se ao id, há o ego, vinculado à realidade, embora dependente do superego e do id. O ego surge como fator de ligação dos processos psíquicos com a realidade externa, mobilizando mecanismos de defesa

necessários para que o indivíduo transforme em realidade os seus desejos (cf. Laplanche e Pontalis, 1988, p. 17).
3. Trabalho apresentado em conferência realizada em Paris, em 5 de fevereiro de 1998, e publicado na *Revista Latino Americana de Psicopatologia Fundamental*, v. 2, n. 1, mar. 1999.
4. A tese mencionada foi transformada em livro, cujo título é *Estratégias de investigação em psicanálise*, publicado em 2000, pela Editora Casa do Psicólogo.
5. Modo de apresentação do sintoma.
6. Esta expressão faz parte do léxico da "Teoria dos Campos", obra de Hermann desenvolvida em *Andaimes do real* (2.ed, 1991, Brasiliense); *Psicanálise do cotidiano* (2.ed, 1997, Artmed); *O divã a passeio* (1992, Brasiliense); *Clínica psicanalítica* (1991, Brasiliense).
7. Freud escreveu esse artigo em 1905; em 1923, retornou ao texto, fazendo uma extensa nota, onde desenvolveu o sentido do sintoma.

4 A PSICOPATOLOGIA APROXIMANDO-NOS DO FENÔMENO EM QUESTÃO

> A questão fatídica para a espécie humana parece-me ser saber se, e até que ponto, o seu desenvolvimento cultural conseguirá dominar a perturbação de sua vida comunal causada pelo instinto humano de agressão e autodestruição. Talvez, precisamente com relação a isso, a época atual mereça um interesse especial. Os homens adquiriram sobre as forças da natureza um tal controle, que, com sua ajuda, não teriam dificuldades em se exterminarem uns aos outros, até o último homem. Sabem disso, e é daí que provém grande parte de sua atual inquietação, de sua infelicidade e de sua ansiedade. (Freud, 1980, v. 21, p. 170)

Vimos nos capítulos antecedentes que a escola, instituição concebida na modernidade, funda-se no pensamento cartesiano e vem sendo pensada por um sujeito que se identifica com o *cogito* e, por meio deste, identifica-se com a consciência que é pura reflexividade. O sujeito cartesiano não é marcado por nenhuma ruptura; há perfeita possibilidade de que o sujeito coincida consigo mesmo na reflexão. Com a invenção do sujeito freudiano, outro sujeito, radicalmente descentrado em relação ao sujeito cartesiano, impõe-se ao homem ocidental. Trata-se, como diz Lacan, em sua frase clássica, de um sujeito que não é aí onde pensa, e é aí onde não pensa. Ora, o sujeito freudiano não só *não* se confunde com o eu, como também concebe um eu que sempre fracassa aí quando o sujeito se manifesta. Dessa ótica do eu, porém, a subjetividade freudiana remete à psicopatologia.

Dessa forma, iniciamos o presente capítulo definindo o campo da psicopatologia fundamental. É à sua luz que abordaremos a questão do sofrimento humano, visto que esse campo é definido por sua perspectiva clínica e singular, preparando, dessa forma, o cenário para discutir a possibilidade de ser o sintoma escolar uma linhagem psicopatológica típica da pós-modernidade. Veremos que Freud, já em 1914, apontava o caráter essencialmente psicopatológico do psiquismo humano, e os sintomas como incríveis invenções do homem na tentativa de livrar-se de sua dor.

Em seguida, deixando à margem o geral e partindo à procura do particular, encontramos em Bleger os fundamentos que permitem compreender esse fenômeno humano em questão: o sintoma escolar.

Assim, neste capítulo, investigamos a caracterização de uma psicopatologia típica de nossa época e suas condições de possibilidade em uma dada subjetividade.

O SOFRIMENTO HUMANO À LUZ DA PSICOPATOLOGIA

Psicopatologia fundamental é uma expressão cunhada por Pierre Fédida, da Universidade de Paris, e Denis Diderot, há mais de 30 anos.

Berlinck (2000) define-a como um campo de pesquisa e interlocução composto por múltiplas posições – a psiquiatria, a psicologia, a psicanálise, a filosofia, a sociologia, a arte – que tratam do sofrimento humano a partir da perspectiva psicoterapêutica.

Segundo o autor citado, não há discurso contemporâneo capaz de esgotar o incomensurável sofrimento do homem, que, conforme veremos, está na origem da humanidade. Assim, é necessário constituir um espaço no qual os interessados por esse complexo fenômeno possam compor uma série de discursos sobre o inapreensível *pathos,* a paixão, a passividade, o padecer, a desmesura que constitui essa espécie composta por singularidades subjetivas.

Em contraste com o projeto da psicopatologia geral, que, segundo Berlinck, visa a desenvolver uma psicologia compreensiva, explicativa e fenomenológica de toda a pessoa, a psicopatologia fundamental está interessada no sofrimento singular e em como ele se manifesta, constituindo um sujeito, um agente assujeitado pelo *pathos*.

Nesse sentido, é um campo eminentemente clínico. Os problemas tratados pela psicopatologia fundamental emergem do vivido na atividade clínica, entendida no sentido de estar diante de alguém que porta uma voz única a respeito de seu *pathos,* de seu drama, mas também de seu sofrimento, de suas paixões, de sua passividade. Berlinck (2000, p. 27) afirma que, a partir do momento que Freud descobriu o inconsciente sexual, inicialmente entendido como conjunto de conteúdos representativos que são afastados da consciência por produzirem sofrimento e, mais tarde, como uma dimensão de nosso psiquismo que é diretamente inacessível por nossos recursos racionais, o homem passou a ser concebido como um sujeito propriamente psicopatológico, ou seja, portador de um excesso, de uma dor, de um sofrimento psíquico a respeito do qual fala sem parar, ainda que não o diga constantemente.

Para Berlinck, a descoberta do inconsciente freudiano como manifestação do *pathos* é como algo que surge da violência primordial, bem como a conseqüente metapsicologia, que é conhecida por psicanálise, é a "casa mais confortável existente na contemporaneidade para a psicopatologia fundamental" (Berlinck, 2000, p. 24), visto que a psicopatologia fundamental está interessada em suscitar uma experiência que seja compartilhada pelo sujeito.

É a partir da posição da psicopatologia fundamental que contemplamos o sofrimento enunciado no sintoma escolar. Tradicionalmente, diz-se que a psicologia se interessa essencialmente pelo ego, enquanto a psicanálise se interessa pelo sujeito subordinado a seu inconsciente. De nossa parte, interessamo-nos pelo sofrimento do sujeito, por um tipo especial de sofrimento que é caracterizado como sintoma escolar.

Há tempos os psicanalistas têm concebido as dificuldades escolares como sintoma. Mannoni (1986, p. 35), em seu livro escrito em 1965, *Le premier rendez-vous avec le psycanalyste*, assevera que:

> (...) uma alta porcentagem de consultas é motivada por distúrbios escolares. Se existem dificuldades escolares puramente pedagógicas – também não deixa de ser verdade que esse sintoma encobre quase sempre outra coisa.

Essa é também a nossa posição. O sintoma escolar traduz, como vimos no Capítulo 3, a patologia de uma época, ao mesmo tempo em que revela um sujeito e sua a verdade.

Pela perspectiva inaugurada pela psicanálise freudiana, a normalidade, além de ser um conceito meramente estatístico, seria um estado para sempre perdido – o estado nirvânico, no qual não haveria sofrimento. Berlinck (2000, p. 28), inspirado em Freud, afirma que a busca incansável da normalidade para sempre perdida é a mais potente central geradora de energia no ser humano, que o leva às mais incríveis invenções, que são sempre *sintomas*, isto é, tentativas mais ou menos fracassadas de cura do excesso, da dor, do *pathos*, do sofrimento.

Seria o sintoma escolar uma invenção contemporânea de tentativa de cura da dor?

Veremos, com Freud, que quanto mais a humanidade buscou o prazer perdido, mais adoeceu, pois, embora a busca da felicidade tenha imposto ao homem uma série de invenções, este não só não atingiu o seu objetivo – a normalidade edênica –, como também criou novas dores.

A esse respeito, Berlinck (2000, p. 32) afirma que:

> (...) o que sempre é o mais primitivo, em Freud, é o Éden, o princípio do prazer. Há nessa concepção uma rica fantasia filogenética, que, devidamente explorada, muito nos ensinaria sobre os grandes esforços contemporâneos para encontrar um estado de plena satisfação.

Para Roudinesco (2000), a atual sociedade democrática quer banir de seu horizonte a realidade do infortúnio, da morte e da violência, procurando integrar num sistema único as diferenças e as resistências. Em nome da globalização e do sucesso econômico, tenta abolir a idéia de conflito social. Assim, saímos da era do confronto e passamos à era da evitação. Para a autora, a lógica da sociedade liberal traz como conseqüência uma nova concepção da norma e da patologia. Diz Roudinesco (2000, p. 16):

> Daí uma concepção da norma e da patologia que repousa em um princípio intangível: todo indivíduo tem o direito e, portanto, o dever de não mais manifestar seu sofrimento, de não mais se entusiasmar com o menor ideal que não seja o do pacifismo ou o da moral humanitária. Em conseqüência disso, o ódio ao outro tornou-se sub-reptício, perverso e ainda mais temível, por assumir a máscara da dedicação à vítima. Se o ódio pelo outro é, inicialmente, o ódio a si mesmo, ele repousa, como todo masoquismo, na negação imaginária da alteridade.

Portanto, essa busca do paraíso perdido, antes de garantir a distância do sofrimento, faz da subjetividade contemporânea a sede de novas formas de patologia, pois o homem de hoje, longe de construir seu ser com base na consciência das determinações inconscientes que o perpassam à sua revelia, longe de pretender-se um sujeito livre, desvinculado de suas raízes e de sua coletividade, reduz sua existência a uma reivindicação normativa.

Corroboramos a posição de Roudinesco (2000, p. 17), quando afirma que é justamente a existência do sujeito que determina o sofrimento psíquico, bem como as prescrições psicofarmacológicas atuais. A depressão tornou-se a epidemia psíquica das sociedades democráticas, ao mesmo tempo que se multiplicam os tratamentos medicamentosos.

Berlinck, em relação ao crescimento da psiquiatria biológica, afirma que a psiquiatria talvez seja a mais promissora e potente ideologia contemporânea a respeito de um retorno ao Éden para sempre perdido.

Roudinesco (2000, p. 13), por sua vez, diz que o homem contemporâneo "busca desesperadamente vencer o vazio de seu desejo. Por isso, passa da psicanálise à psicofarmacologia".

É de notar que o sofrimento sempre acompanhou a humanidade. Como vimos nos capítulos anteriores, existe um fator patogênico da própria cultura. Ela traz em seu bojo as condições de possibilidade da psicopatologia. Essas condições atualizam-se, isto é, tornam-se positivas, *quando o sujeito psíquico individual estabelece um contrato de exclusividade com determinada instituição*. Esse aspecto nos interessa especialmente, ou seja, as condições de possibilidade de uma forma de subjetividade propensa a fazer sintoma escolar. Fica, porém, a questão: sendo a cultura uma criação do homem, porque ele a faz patogênica?

O CARÁTER PISCOPATOLÓGICO DO SER HUMANO

Em 1983, a psicanalista Ilse Grubrich-Simitis, dedicando-se aos preparativos para a publicação da correspondência entre Freud e Ferenczi, encontrou um manuscrito do próprio punho de Freud, escrito no período de novembro de 1914 até o verão de 1915. Esse manuscrito contém uma teoria sobre as origens filogenéticas das neuroses, da perversão e das psicoses, respondendo ao desafio formulado por Ferenczi em 1913 (em Berlinck, 2000, p. 43):

> (...) provavelmente conseguiremos um dia colocar em paralelo cada uma das etapas de evolução do eu e os tipos neuróticos regressivos com as etapas filogenéticas da humanidade.

Esse manuscrito foi publicado em 1987, com o título "Neuroses de transferência: uma síntese". Reproduziremos, a seguir, alguns trechos da obra citada, com o objetivo de manter a máxima fidelidade às idéias de Freud acerca da origem filogenética do sintoma.

Freud (1914), nesse texto, apresenta sua concepção de que o psiquismo humano é psicopatológico. O estado nirvânico, portanto a normalidade, teria sido perdida graças a uma catástrofe ecológica na era glacial, em que a Terra se congelou e o hominídeo teve de transformar-se em humano, vivendo a partir daí uma universalidade psicopatológica, que inicialmente foi uma série de soluções criativas diante da catástrofe glacial. Diz Freud (1987, p. 75):

> Como primeira abordagem, afirmaria, portanto, que, sob a influência das privações impostas pelo desencadeamento da era glacial, a humanidade em geral tornou-se angustiada. O mundo externo, que era até então preponderantemente amistoso, propiciando qualquer satisfação, transformou-se em um acúmulo de riscos iminentes. Havia toda razão para a angústia real diante de qualquer fato novo.

Diante das condições de existência impostas pela natureza, o homem perde a posição de quadrúpede e adquire a de bípede, para alcançar alimentos em arbustos e árvores, já que o verde que nascia rente à superfície da terra ficou congelado. A aquisição da posição ereta altera a regularidade da função sexual, que se sustentava pelo olfato, representando uma grande ameaça para a perpetuação da espécie. Assim, a humanidade torna-se angustiada.

Afirma Freud (1980, v. 21, p. 119-120):

> A periodicidade orgânica do processo sexual persistiu, é verdade, mas seu efeito sobre a excitação sexual psíquica foi invertido. Parece mais provável que essa modificação tenha sido vinculada à diminuição dos estímulos olfativos, por meio dos quais o processo menstrual produzia efeito sobre a psique masculina. Seu papel foi assumido pelas excitações visuais, que, em contraste com os estímulos olfativos intermitentes, conseguiram manter um efeito permanente. (...) A própria diminuição dos estímulos olfativos parece ser conseqüência de o homem ter-se erguido do chão, de sua adoção de uma postura ereta; isso tornou seus órgãos genitais, anteriormente ocultos, visíveis e necessitados de proteção, provocando desse modo um sentimento de vergonha nele.

Segundo Freud (1914), a libido sexual não perdeu de imediato seus objetos humanos, porém, uma vez ameaçado em sua existência, acabaria reduzindo o investimento objetal, mantendo o investimento da libido no próprio eu. Dessa forma, o homem transforma em angústia real o que antes havia sido libido objetal.
Diz Freud (1987, p. 75):

> Temos sustentado uma longa discussão a respeito de qual é a primeira: a angústia real ou a angústia nostálgica. Se a criança transformar sua libido em angústia real, é porque para ela sua libido é demasiadamente grande, perigosa, chegando, assim, à representação do perigo; ou, o contrário, cede a uma angústia de natureza mais geral e por esta aprende a temer sua libido insatisfeita. Inclinamo-nos a aceitar a primeira, antepondo a angústia nostálgica, mas para isso nos falta uma disposição especial. Teríamos de explicá-la como uma inclinação infantil geral.

Como um ser da catástrofe que é, e apoiado em sua capacidade criativa de transformá-la em repetição, o ser humano se constitui como uma espécie psicopatológica. A ameaça à sua vida levou-o a criar mecanismos defensivos: os sintomas. Foram, então, as agruras dos tempos glaciais que exerceram o estímulo para o desenvolvimento cultural e, por sua vez, o "mal-estar na civilização" (Freud, 1980, v. 21, p. 120).

Berlinck (2000, p. 34) assegura que o fator responsável pela humanidade do ser humano, segundo a teoria freudiana, seria a catástrofe, ou seja, a violência, vinda do exterior, que ameaça a espécie. Essa violência rompe o estado nirvânico e institui a psicopatologia em nossa espécie.

Considerando essa primeira situação provocada pela era glacial, é possível pensar que a falta do objeto de satisfação corresponde, no sujeito, a um conflito que se refere à morte. Essa falta transporta o sujeito de um esquema instintivo para outro, pulsional, em que é solicitada uma resposta. A pulsão apóia-se no instinto e, nesse sentido, é instintual. Todavia, como o instinto é um esquema que fracassa com a falta, outra solução – pulsional – é encontrada. A transferência é, pois, parte inerente da pulsão, uma vez que é esta que permite o deslocamento da libido para outros objetos que respondem criativamente ao conflito. Entretanto, por ser errante, e não colante como é o instinto, a pulsão desloca-se, investindo novos objetos com propriedades e significados de outros objetos.

Freud (1914) segue em sua teoria psicopatológica da humanidade, estabelecendo uma seqüência filogenética: histeria de angústia, histeria de conversão, neurose obsessiva, demência precoce, paranóia, melancolia e mania.

Assim, inicialmente, a humanidade ter-se-ia tornado angustiada, ou seja, a histeria de angústia seria sua primeira invenção; a histeria de conversão seria a segunda. A catástrofe, provocando a retirada do investimento libidinal no objeto, produz um refluxo que se desloca para o próprio corpo, bem como dentro dele, e estabelece certos órgãos, ou qualquer parte do corpo, como objeto. Logo, a grande invenção realizada pela humanidade nessa fase é, portanto, o deslocamento do investimento libidinal de um objeto genital, isto é, responsável natural pela reprodução da espécie, para um outro objeto, não-genital e não-natural, capaz de provocar prazer. Diz Berlinck (2000, p. 41) que esse mecanismo é, hoje, denominado perversão. Porém, Freud em sua teoria psicopatológica da humanidade, não fala de uma fase perversa, pois de sua ótica não há como separar *perversão* de *histeria de conversão*, ou melhor, a histeria de conversão, à medida que investe libidinalmente um órgão qualquer, e assim obtém prazer, pode ser considerada perversão.

Para Freud, o prazer de um órgão não-genital reduz sensivelmente o sofrimento provocado pela catástrofe, ao mesmo tempo que desvia a atenção da atividade sexual. Forma-se assim o corpo erógeno e o psiquismo torna-se cada vez mais complexo. A crescente complexidade do psiquismo deve-se à sua capacidade de representação de objetos – órgãos investidos de libido. A humanidade entra, então, em uma fase hipocondríaca, na qual o narcisismo exacerbado procura estabelecer controle sobre a conversão, acabando por conceber cada órgão do corpo como um pênis.

Portanto, a primeira conseqüência da histeria de conversão para a humanidade é a perda definitiva da regularidade sexual e a transformação do ato reprodutivo em um ato prazeroso, promovendo, inclusive, uma transformação no aparelho genital. Dessa perspectiva, a fixação é um sintoma, porque é uma tentativa de repetição de um estado nirvânico para sempre perdido com a catástrofe glacial. Todavia é, também, uma grande invenção defensiva contra ataques externos e internos ao organismo e ao psiquismo.

O desenvolvimento teórico de Freud (1987, p. 77) acerca da psicopatologia da espécie humana leva-nos à fase obsessiva da humanidade, que se refere principalmente ao homem, enquanto a fase anterior, de histeria de conversão, afetaria mais a mulher. Segundo o autor, após ter aprendido a poupar sua libido e a reduzir sua atividade sexual por meio da regressão a uma fase anterior, a inteligência ganhou o papel principal. O homem aprendeu a pesquisar, a entender de alguma maneira o mundo adverso e desenvolveu habilidades para exercer um certo domínio sobre esse mundo. Constituiu-se sob o signo da energia, formou os princípios da linguagem e atribuiu a devida importância às novas conquistas. A linguagem era para ele magia; seus pensamentos pareciam-lhe onipotentes; compreendia o mundo por meio de seu próprio eu.

> É a época da concepção anímica do mundo e de sua técnica mágica. Como recompensa pelo seu poder de proporcionar proteção e vida a tantos desamparados, arrogava-se domínio ilimitado sobre eles, defendendo, por meio de sua personalidade, as duas primeiras normas: sua inviolabilidade e que não pudesse ser negado a ele dispor das mulheres. No fim dessa época, a humanidade era dividida em hordas isoladas, as quais eram dominadas por um homem sábio, forte e brutal, como pai. É possível que a natureza desconsiderada, ciumenta e egoísta, que as ponderações da psicologia popular atribuem ao pai primitivo da horda

humana não existissem desde o começo, senão que, adaptando-se às necessidades, moldaram-se no percurso dos difíceis tempos glaciais.

Enquanto o macho e a fêmea mantiveram contato sexual com regularidade, não houve necessidade de recurso à palavra. A regularidade sexual era assegurada pelo objeto. Existia um verdadeiro equilíbrio ecopsíquico que dispensava a palavra. Trata-se, dessa forma, de um delicioso mundo habitado pelo silêncio, porém, a catástrofe glacial rompe esse silêncio e traz como conseqüência a palavra e a neurose.

Para Freud (1987, p. 78):

> (...) se as disposições para as três neuroses de transferência foram adquiridas na luta contra as necessidades dos tempos glaciais, então as fixações, nas quais se baseiam as neuroses narcisistas, originaram-se da opressão do pai, o qual, após o término da era glacial, assume, continua, por assim dizer, tal papel contra a segunda geração. Da mesma forma como a primeira luta leva para a fase cultural patriarcal, a segunda leva à social. Ambas, contudo, produzem as fixações, as quais, em seu retorno, após milênios, transformaram-se nas disposições dos dois grupos de neurose. Portanto, nesse sentido, a neurose é também uma aquisição cultural.

O pai da horda, o criador da palavra, sucumbe às mãos dos filhos que transferem a palavra para o sustento, a manutenção da sociedade. Produz, entretanto, como vimos no Capítulo 3, o mito ontogenético, que Freud denominou complexo de Édipo, que lança o sujeito no âmbito do desejo.

Segundo a teoria da psicopatologia da humanidade, a predominância do pai e de seu assassínio encerra o ciclo das neuroses de transferência e inaugura o ciclo das neuroses narcisistas: esquizofrenia, paranóia e melancolia.

Para Freud (1987, p. 78), as neuroses narcisistas ocorrem na segunda geração:

> Essa segunda geração começa com os filhos, aos quais o pai primitivo, ciumento, nada permite. Ele os expulsa quando chegam à idade púbere, em substituição a essa solução. A experiência da psicanálise adverte-nos, porém, sobre uma outra, ainda mais cruel, isto é, a de que ele os despoja de sua virilidade, podendo dessa forma permanecer na horda como inofensivos trabalhadores auxiliares. Podemos certamente imaginar o efeito da castração naquele tempo primitivo como uma extinção de libido e uma parada no desenvolvimento individual. A demência precoce parece repetir esse estado de coisas, e, principalmente na forma hebefrênica, leva à desistência de qualquer objeto de amor, involução de todas as sublimações e volta ao auto-erotismo. O jovem comporta-se como se tivesse sofrido a castração; na verdade, não são raras as autocastrações reais nessa afecção.

Assim, diante da desmesura paterna, instala-se uma solidariedade fraterna que torna possível o assassínio do "pai" da horda primitiva. Essa união dos filhos ameaçados de castração contra o pai está na base dos sentimentos sociais. Freud assegura que essa convivência tinha de produzir sentimentos sociais e podia estar edificada na base de satisfações homossexuais. Diz ainda que a paranóia recupera as condições dessa fase, em que não faltam alianças secretas, e o perseguidor representa um magnífico papel.

> A paranóia tenta repelir a homossexualidade, que era a base dessa fraternidade e, ao mesmo tempo, tem de expulsar da sociedade o acometido de homossexualidade e destruir suas sublimações sociais. (1987, p. 79)

Por fim, após a dominação e assassínio do pai primitivo, seguem-se o triunfo que se origina da morte e o luto. Assim, esse grande acontecimento da história da humanidade, que pôs fim à horda primitiva e a substitui pela fraternidade vitoriosa, daria origem às predisposições da peculiar sucessão de estado de ânimo que reconhecemos como particulares afecções narcisistas ao lado das parafrenias. O luto pela morte do pai primitivo emana da identificação com ele, e tal identificação constitui a condição do mecanismo da melancolia.

Berlinck (2000, p. 53) aponta dois aspectos da teoria freudiana sobre a psicopatologia da humanidade que consideramos muito pertinentes: o sentimento de desamparo do homem diante da dor e o fracasso nos mecanismos defensivos na luta contra a dor.

A experiência clínica leva-nos a corroborar essas considerações de Berlinck. A angústia e o medo, sentimentos muito primitivos conforme os ensinamentos de Freud, estão cada vez mais presentes na vida contemporânea e manifestam-se na clínica na forma de desamparo. A famosa síndrome de pânico é um bom exemplo dessa realidade.

Os mecanismos de defesa criados pelo homem fracassaram, não obstante sejam grandes invenções. Freud compara a formação das defesas psíquicas com a dialética existente entre o organismo e os vírus, no sentido de que "estes (vírus) só existem no corpo, e os órgãos atacados produzem defesas que nem sempre são eficientes, porque os vírus sofrem mutações" (p. 53). Essa analogia explica as novas formas de manifestação da histeria, como vimos no Capítulo 3. São as mutações de cada época que criam novos sintomas para velhas neuroses.

O psiquismo que se desenvolveu pela necessidade de o ser humano proteger-se dos ataques destrutivos externos e internos prossegue em sua tarefa, muitas vezes com pouco êxito, aprisionando-se nas próprias invenções.

Assim, a catástrofe é vivida como um conflito entre a vida e a morte, e a sexualidade encontra-se no epicentro desse conflito. A angústia, a dor, a depressão são, por sua vez, invenções do ser humano, ou seja, o corpo freudiano contém, em sua própria concepção, a inventividade, a criação. A perda de contato com o objeto primitivo, que ocorre diante da ameaça à sobrevivência da espécie, cria os mecanismos de defesa para proteger o ser humano de sua destruição. Conflito e mutação são, portanto, dois movimentos fundamentais da vida.

Freud constrói, então, o mito das origens da psicopatologia psicanalítica que coincide com o da subjetividade humana. Assim, é possível dizer, com ele, que não só o ser humano apresenta um desamparo originário, como também este se deve a ataques virulentos vindos do exterior. Não há como separar corpo e psique, não há como supor que as manifestações psicopatológicas não sejam somáticas e se distingam da subjetividade. Portanto, psicose, neurose, perversão são modos de subjetivação, ou melhor, são a subjetividade, pois o sujeito constitui-se somente por essa via.

Ainda que sejamos todos portadores de um desamparo originário e que a subjetividade humana se manifeste pela via psicopatológica, somos sempre diferentes e, portanto, os sintomas, embora respondam à lógica inconsciente de sua época, dizem respeito a uma dada subjetividade.

O SINTOMA ESCOLAR: A CONDUTA EM QUESTÃO

Bleger (1989), ao definir o campo da psicologia e seu objeto de estudo, diz que ela deve tratar dos seres humanos. Essa posição vai ao encontro de nossa perspectiva. Para configurar seu campo de operação, porém, é fundamental definir a concepção de Homem que traz implícita em seu "*corpus* teórico". Afirma ainda que os pressupostos que definem a concepção que o homem tem de si mesmo, em determinado momento histórico, encontram-se sempre vinculados às características socioculturais de cada época. Contesta as concepções do homem natural, do homem isolado, do homem abstrato, do homem como produto da relação do indivíduo com a sociedade, do inato-adquirido.

Para Bleger, em contraposição aos dualismos metafísicos dos quais ainda está impregnado todo o nosso conhecimento científico, a concepção dialética tende a considerar, em um primeiro plano, a unidade e interdependência de todos os fenômenos e a ver todas as antíteses como fases ou momentos de um processo.

Dessa maneira, perdem a vigência as discussões e investigações que isolam o ser humano ou tratam de forma abstrata parte de suas manifestações, sem conexão com a natureza e seu meio social (cf. Bleger, 1989, p. 13-20).

É, pois, com base no enquadramento dramático proposto por Bleger, que interpretamos o sintoma escolar como um "acontecer humano", ou seja, uma experiência, um acontecimento que ocorre no âmbito da integração. Buscamos não incorrer em uma redução neurológica, físico-química, sociológica, mitológica, histórica, filosófica. Para Bleger (1989, p. 65), o estudo dos fenômenos humanos exige uma metodologia que empregue e conserve o nível psicológico de integração:

É o nível funcional que corresponde ao ser humano e é o que alcança o grau maior de integração de todos os níveis de organização existentes, não só no homem, como também na natureza e entre os seres vivos. Toda conduta do ser humano manifesta-se sempre no nível psicológico de integração, quer dizer, que tem os caracteres que correspondem à qualidade de acontecimento humano, contendo e sintetizando, por sua vez, os níveis biológico e social.

Bleger apóia-se em um conceito de "conduta como fenômeno central na psicologia". Seu estudo é feito em função da personalidade e do inseparável contexto social, do qual o ser humano é sempre integrante. Examina a conduta em termos de qualidade de processo, e "não como coisa", e enumera quatro proposições "mínimas essenciais" de uma teoria que estuda a conduta: a conduta é funcional; implica sempre um conflito ou ambivalência; só pode ser compreendida em função do campo ou contexto no qual ocorre e todo organismo vivo tende a preservar um estado de máxima integração ou consistência interna. Afirma ainda o autor, que a aprendizagem corresponde à modificação mais ou menos estável de linhas de conduta, ultrapassando, assim, a noção intelectualista corrente nas teorias da aprendizagem.

A essa altura cabe uma questão: qual é a concepção de ser humano presente na obra de Bleger que norteia nossas análises?

Bleger caracteriza-o com base nos seguintes aspectos:

- sua condição humana, ou seja, uma síntese integrada de natureza e sociedade, "na qual esta última não é um fator superficial que modifica características transitórias ou não-essenciais do ser humano, mas sim que modifica profunda e substancialmente a primitiva condição de ser natural, no sentido de depender em grande parte, ou totalmente, da natureza" (p. 20);
- sua condição de ser concreto, isto é, de pertencer a uma cultura, classe social, grupo étnico, religioso; essa pertinência, porém, é integrante de seu ser;
- sua condição de ser social, no sentido de que as experiências com os demais o torna humano;
- sua condição de ser histórico, tanto individual quanto socialmente, de forma que o grau de desenvolvimento depende de uma complexa organização da matéria viva e é reflexo da estrutura social no sentido mais amplo;
- seu meio ambiente, como um ambiente social, do qual provém os estímulos fundamentais para a organização de suas qualidades psicológicas, inclusive as condições de produção dos meios de subsistência que cria a matriz fundamental de todas as relações humanas.

Bleger lembra ainda que o conhecimento do homem sobre si mesmo é sempre socialmente condicionado; portanto, não podemos conhecê-lo apenas pela reflexão.

Seguindo a trilha do pensamento de Bleger, voltemos à questão do sintoma escolar como um sofrimento da contemporaneidade. Como dissemos, o analisamos em sua enunciação dramática; logo, como fenômeno psicológico, como acontecimento humano. Para tanto, cotejamos as respostas que diferentes aproximações teóricas nos oferecem acerca desse sintoma. Iniciamos nossas indagações na clínica; em seguida, fomos buscar as concepções histórico-filosóficas, que usualmente estão presentes nas análises das questões educacionais. Depois, passamos a considerar as que privilegiam a estrutura da produção social, as que procedem à análise das instituições e do discurso, chegando às condições de possibilidade desse sintoma, na estrutura individual do sujeito.

Estudar o sintoma segundo a perspectiva de Bleger significa apreendê-lo como conduta humana, em seu nível psicológico. Bleger (1989, p. 85) afirma que "(...) toda conduta do ser humano é sempre significativa, tem um sentido. Trata-se de condutas normais ou anormais, intencionais ou não, conscientes ou não".

Bleger rejeita terminantemente o pressuposto de que uma característica do sentido da conduta seja de que haja uma intenção de comunicar ou significar algo. Sentido, para o autor, não implica intenção nem vontade, mas é o fato de que toda conduta é um acontecimento ou acontecer humano. Ele alerta que emprega como sinônimos os termos *sentido* e *significado*, referindo-se à relação que a conduta tem sempre com a vida e a personalidade total do sujeito e com uma situação. "O sentido da conduta radica no contexto do qual esta emerge, quer dizer, no conjunto das relações estabelecidas" (p. 87).

No mesmo texto, Bleger, ao tratar da motivação da conduta, lembra que toda ela, seja normal ou patológica, encontra-se sobredeterminada, tem uma policausalidade muito complexa que deriva dos distintos contextos ou múltiplas relações nos quais se encontra todo ser humano e cada uma de suas condutas. Por isso, nossa posição de que o sintoma escolar envolve uma ampla gama de causas, examinadas neste livro com base em níveis epistemológicos distintos.

Na introdução deste texto, sinalizamos a intenção de abordar a questão do sintoma escolar segundo a perspectiva de Bleger, que relaciona conduta, personalidade e aprendizagem. Para ele, a personalidade é caracterizada por ser uma totalidade de relativa estabilidade, unidade e integração, de forma que a estrutura da personalidade se manifesta em cada conduta do ser humano.

Segundo Bleger (1989), a personalidade implica o nível de integração mais evoluído e perfeito de todo o existente, de maneira que o grau de complexidade alcança nela o seu ponto máximo, não só pelo aparecimento de características peculiares e únicas, como também porque nela estão reunidos ou confluídos todos os níveis e categorias preexistentes na evolução.

A personalidade é dinâmica, ou seja, está sujeita a flutuações entre evolução e regressão e entre integração e dispersão. As mudanças variam em grau e características. A dinâmica da personalidade coexiste com a persistência de sua continuidade de tal maneira que uma é condição da outra. A personalidade é dada pelo conjunto organizado de condutas, pois não há personalidade sem conduta, nem conduta sem personalidade. Não há nenhuma manifestação de um ser humano que não pertença à sua personalidade. Esta se caracteriza por suas pautas de conduta mais habituais ou predominantes, ou por certas características comuns a um conjunto dominante de suas manifestações de conduta (cf. Bleger, 1989, p. 193-196).

Bleger (1989), baseado nos estudos de Pichon Rivière, desenvolve a teoria das estruturas da conduta, que toma por base o caráter do vínculo que se estabelece com o objeto. O estudo de tal estrutura assenta-se no fato de que toda conduta é um papel e, portanto, uma função social e que as funções sociais são necessariamente limitadas em cada cultura, ainda que se admita a sua grande variedade.

Para Bleger (1989, p. 144), a pessoa organiza a sua personalidade sobre o predomínio de alguma conduta: "Cada indivíduo tem seu repertório de condutas, modos ou estruturas privilegiadas de comportamento. Isso é justamente o que constitui a personalidade".

A experiência originada do tratamento psicanalítico leva Bleger a afirmar que, modificando as condições, todos os indivíduos podem realizar a totalidade das estruturas de conduta possíveis, com intensidade, freqüência e duração muito variáveis.

Diz ainda o autor que toda conduta, no momento em que se manifesta, é a "melhor", visto que é a mais ordenada e mais bem-organizada que o organismo pode manifestar em um momento, e é a que melhor pode regular a tensão para as condições. O organismo opera sempre da maneira mais adequada a suas possibilidades em determinado momento, incluindo os casos de patologia, de tal maneira que inclusive o sintoma é a conduta que o organismo pode manifestar para resolver da melhor maneira possível as tensões que enfrenta em certo momento.

Em relação a essa afirmação de Bleger, nossa clínica dá testemunhos freqüentes da eficácia do sintoma escolar. Já vimos, em outra parte deste texto, o quanto o sintoma escolar é mobilizador. Poderíamos contar várias histórias de crianças que, ao fracassarem na escola, obtiveram o necessário para o alívio de suas tensões. Vem a nossa memória o caso de Vítor, um garoto de sete anos, que suportava o enternecimento da mãe em relação à irmã de dois anos. Esta, enquanto "fazia gracinhas", recebia elogios de todos, satisfazendo, assim, as necessidades narcísicas maternas. Então, o irmão começou a fracassar na escola, obtendo, assim, o alívio de sua tensão; esta foi a forma que encontrou para receber o olhar de sua mãe, que até então estava voltado para outra direção.

Segundo Bleger, para que um organismo manifeste modificações em suas condutas habituais, deve existir uma ruptura do nível de auto-regulação e, portanto, a necessidade de recuperá-lo. O estímulo para tal ruptura é sempre algo do mundo externo que se apresenta como objeto perigoso. Este pode ser real ou não, e a intensidade do perigo que representa por certo depende não só do estímulo, como também da organização do campo total. Bleger define campo como a totalidade dos elementos que interagem em um tempo, incluindo-se aí, evidentemente, o próprio sujeito com sua estrutura de conduta.

Voltando ao caso de Vítor, podemos afirmar que a entrada de um novo elemento na vida da criança, o nascimento de sua irmã, altera sua homeostase narcísica, ou seja, o estado de conforto psicológico que desfrutara até então, promovendo uma ruptura do nível de auto-regulação e uma mudança de sua conduta. Aliás, essa é a queixa da mãe de Vítor e de tantas outras que se dirigem a nosso consultório. Diz a mãe de Vítor na primeira entrevista:

> Depois que a irmã nasceu, ele mudou da água para o vinho. Antes, era uma criança calma, boazinha. Agora, é hiperativo, teimoso; apronta cada uma que só vendo! E, agora, pra ajudar, está me dando o maior trabalho na escola. Na semana passada, a coordenadora me chamou e disse que ele não está aprendendo nada, não faz as lições e deu de atrapalhar a aula. Já faz tempo que Vítor vem dando trabalho, na verdade desde que cheguei da maternidade. Já teve um período que fez xixi na cama, depois começou a dar trabalho para comer, depois ficou agressivo, batia em todas as crianças, mas agora está dando problema na escola. Não dá mais para esperar, agora precisamos fazer alguma coisa.

O sintoma escolar tem uma lógica que atravessa a sua finalidade como subjetividade e atinge a escola: uma instituição que já está em crise. É essa especificidade do sintoma escolar que o torna "único", pois, ao mesmo tempo em que a escola o propicia, ela também o denuncia.

A experiência clínica mostra-nos que o sintoma escolar é vivido e opera de forma particular e única na vida de cada criança, mas também nos ensina que é possível reconhecer em cada experiência emocional determinadas lógicas inconscientes que são repetidas. Apontar esse aspecto do sintoma escolar parece-nos útil à medida que pode funcionar como um norte mínimo, tanto para a escuta quanto para a técnica, diante de cada caso concreto, único e particular. A intenção não é, em hipótese alguma, rotular, enquadrar, universalizar; aliás, somos totalmente avessos a tal postura. De nada adianta afirmarmos, por exemplo, que a criança não elaborou o Édipo, se nossa escuta não possibilitar a existência do sujeito, ou seja, se não permitirmos que ele, com seu drama, sua experiência emocional, exista como único para nós. Aqui, reside a possibilidade da transferência;[1] logo, a única perspectiva de intervenção viável. Voltaremos a essa questão na Conclusão, quando discutiremos o campo da ética no tratamento do sintoma escolar. Retornaremos agora à perspectiva de Bleger acerca da estrutura da conduta, buscando fundamentar nossas considerações.

Como vimos, para Bleger (1989, p. 200), conduta e personalidade são dois conceitos indissociáveis. O autor considera de suma importância levar em conta que a conduta é um processo único, em parte consciente e em parte inconsciente, ao mesmo tempo. O inconsciente não é a fonte da conduta.

> A conduta é um processo para cuja totalidade deve-se ter em conta todos os seus aspectos e mudanças: tanto conscientes como inconscientes. Estas últimas não são o "motor da mente", como às vezes se as designa, e tampouco a consciência é algo superficial ou secundário.

Bleger chama a atenção para o fato de que um dos motivos que levou Freud a formular a hipótese do inconsciente foi justamente a ocorrência de certas condutas que têm uma dinâmica cuja compreensão foge da lógica formal, que é a lógica das condutas conscientes tomadas de forma isolada. A esse respeito, Bleger (1989, p. 201) afirma:

> Para isso, Freud estabeleceu uma dinâmica distinta: a das leis do inconsciente. O correto é integrar os fenômenos conscientes e inconscientes dentro de um só processo dinâmico regido por uma só lógica: a dialética. Há, no próprio Freud, uma gradual transição de uma formulação da consciência-inconsciência como sistema do aparato mental para a sua formulação como qualidade da conduta.

Quanto ao inconsciente freudiano, Bleger, ao pensá-lo à luz da conduta humana, faz considerações que pretendemos analisar com base em nossa experiência clínica do sintoma escolar. Para tanto, adotaremos o seguinte percurso: discorreremos sobre tais considerações; abordaremos as estruturas da conduta proposta por Bleger, que, ao nosso ver, justificam seu posicionamento em relação à perspectiva freudiana e, por fim, vamos remetê-las a nossa clínica.

Para Bleger, no inconsciente, segundo Freud, rege o processo primário, caracterizado por estar desvinculado da realidade externa, da ordem lógica e do tempo. A ambivalência[2] seria um exemplo dessa ausência de lógica, visto que significa a presença simultânea de opostos.

Bleger assevera que, para dar conta dessa ausência de lógica formal, na relação do sujeito com a realidade, Freud cria uma zona especial para as leis alógicas, o inconsciente. Diz, no entanto, que Freud descobriu o movimento dialético da conduta:

> Se admite conseqüentemente a dialética, não faz falta criar uma zona especial de leis que não respondem à lógica formal, e sim que toda conduta, tomada em sua totalidade, tanto consciente como inconsciente, responde às leis da dialética. (Bleger, 1989, p. 201)

Dessa afirmação de Bleger interessa-nos diretamente o fato de que toda conduta humana é, ao mesmo tempo, consciente e inconsciente. As crianças com dificuldades de aprendizagem escolar têm sempre uma teoria para explicar sua problemática, ou seja, sua conduta; tais teorias são coerentes com relação a sua vida, porém não abarcam a complexidade da vivência emocional em questão. Da mesma forma, também se faz presente, nesses casos, a contradição entre a intenção de livrar-se do sintoma e a ação no sentido de mantê-lo. Vítor – o paciente já referido – insiste em nos dizer que quer ser bom aluno para não ficar de castigo e, ao mesmo tempo, repete condutas que não viabilizam sua intenção, isto é, sofre com o sintoma, mas não pode livrar-se dele. Esse enigma faz-se presente em todo o contexto da clínica. Livrar-se do sintoma não diz respeito a um ato de vontade; além do mais, como nos diz Bleger, o sintoma é a melhor conduta que o sujeito pode manifestar para resolver da melhor forma possível as tensões que enfrenta em determinado momento; portanto, existe algo que o sujeito desconhece e que sustenta o sintoma.

A premissa de Bleger de que não há nenhuma zona da mente que exista como parte inconsciente leva-o a pôr em questão a hipótese freudiana de que o inconsciente é atemporal. Para Bleger, a razão de uma situação traumática atualizar-se em um acontecimento presente deve-se ao fato de essa vivência passada integrar o campo psicológico presente, e não que o fato traumático pretérito aja para desencadear a reação. Dito de outra forma, todas as nossas vivências, sejam traumáticas ou não, integram-se ao nosso campo psicológico, resultando em novas condutas particulares. É justamente nesse sentido que Bleger relaciona aprendizagem e conduta.

Para Bleger, a consciência é sempre consciência de algo; por um lado, reflete uma situação e, por outro, uma conduta do ser humano, e jamais pode ser entendida como um simples reflexo especular da realidade. A consciência da realidade é o mais poderoso meio que o ser humano possui para modificar essa realidade, porém isso só é possível mediante condutas totais, ou seja, conscientes e inconscientes ao mesmo tempo. O que aparece na consciência é o reflexo subjetivo do objetivo e depende, em alto grau, não só das características da realidade externa, como também do grau de organização da personalidade; portanto, a consciência é um momento de um processo. A consciência pode, inclusive, ser uma falsa consciência, e, nesse caso, é a resultante de uma organização particular da realidade social da qual participa ineludivelmente o ser humano e na qual há estruturas que favorecem essa falsa consciência. Tanto a psicanálise como o marxismo significam, em sua inspiração fundamental, uma passagem do pensamento ao ser e da consciência à vida real e concreta.

O que aparece na consciência depende em alto grau do nível de organização da personalidade. Esta, segundo Bleger, resulta da integração da constituição, do temperamento e do caráter. Considerados nessa ordem, a influência da cultura é crescente, enquanto a influência dos fatores hereditários é decrescente.

Ainda segundo o autor, a constituição é dada pelas características somáticas, físicas, mais básicas e permanentes. Ela depende fundamentalmente da hereditariedade biológica, mas não está livre da influência dos fatores ambientais e psicológicos. Ao nosso ver, a hereditariedade biológica traz em si a herança filogenética e, quanto à influência dos fatores ambientais e psicológicos, nossa posição é de que eles alteram profundamente as condições somáticas e físicas.

Mais uma vez, vem a nossa mente outra história, agora de uma criança de sete anos, que cursava a 1ª série do ensino fundamental e nos fora encaminhada pela escola com a queixa de problemas na alfabetização. Rafael apresentava desde os quatro anos de idade um quadro de estrabismo persistente. A oftalmologista que o atendia procurou-nos com uma inquietação: embora o tratasse desde os quatro anos de idade, não havia obtido nenhuma melhora e não encontrava nenhuma teoria para explicar o insucesso do tratamento. Relativamente a outras crianças, no entanto, seu trabalho sempre apresentava bons resultados. Perguntou-me se existia a possibilidade de algum fator psicológico justificar tal fato. Naquele momento, iniciava o diagnóstico e também não dispunha de nenhuma explicação para o fato, mas para minha surpresa, a resposta veio rapidamente. Veio de uma forma tão natural, que só mesmo uma criança poderia oferecer. Dias depois do contato com a oftalmologista, Rafael compareceu à clínica para nosso quarto encontro.

Deparei-me então com uma cena reveladora do drama de Rafael. Talvez as palavras não sejam suficientes para expressar tudo o que foi possível vislumbrar naqueles poucos segundos em que permaneci observando a psicodinâmica da família. No sofá, a mãe segurava o filho caçula de três anos, sentado em seu colo. Um pouco à frente estava Rafael, ajoelhado diante de uma mesa de centro, folheando um gibi. Rafael não olhava para o gibi, mas controlava a cena com o olhar "disfarçado", "olhando com o rabo do olho". A posição em que se havia colocado permitia-lhe perfeita harmonia com a convergência de seu estrabismo. Perto o suficiente para enxergar o que não queria ver e distante o suficiente para revelar seus sentimentos nessa vivência triangular. Nada poderia ter sido mais revelador. Sua posição, a expressão de seu olhar, seu gesto, enfim, sua conduta desvelava de forma original todo o seu conflito. Naquele momento, sua posição simbólica foi posta em cena, mostrando, dando-se a ver em sua forma de olhar.

Para Winnicott (1975, p. 154), quando uma criança olha sua mãe, ela se vê refletida no olhar dela: "Em outras palavras, a mãe olha a criança, e o que à mãe parece se relaciona com o que ela vê na criança". Quando um bebê olha para sua mãe e o olhar da mãe reflete seu próprio humor ou a rigidez de suas próprias defesas, "isso acarreta uma ameaça de caos e o bebê organizará a retirada ou não mais olhará, exceto para perceber, como defesa" (p. 155).

Por outro lado, Bleger (1989, p. 137) afirma que a defesa não é um sobreagregado, mas a própria conduta, em suas múltiplas alternativas diante dos conflitos; estes também não são alheios à própria conduta.

De acordo com Bleger (1989, p. 136), as condutas defensivas são as técnicas com as quais opera a personalidade total, para manter o equilíbrio homeostático, eliminando uma fonte de insegurança, de perigo, de tensão ou de ansiedade: "São técnicas que conseguem um ajustamento ou uma adaptação do organismo, mas que não resolvem o conflito e, por isso, a adaptação recebe o nome de dissociativa".

Antes de prosseguir no exame da conduta de Rafael, vamos considerar o desenvolvimento que Bleger deu aos aspectos da personalidade. Falávamos da constituição – primeiro ponto abordado pelo autor – quando interrompemos as formulações teóricas para relatar o caso de Rafael, visto que esse caso ilustra nossa afirmação sobre a influência do psicológico no somático. Adiante, teceremos considerações sobre nossa aprendizagem com Rafael que tornarão mais claras nossas idéias. Falamos aqui de aprendizagem no sentido bergeriano: "processo pelo qual a conduta se modifica de maneira estável à raiz das experiências do sujeito" (p. 202). Certamente, depois de tomarmos contato com o caso de Rafael, nossa conduta diante do estrabismo jamais será a mesma, ou seja, aprendemos um novo modo de olhar o olhar.

O temperamento, segundo aspecto integrante da personalidade, é, para Bleger, constituído pelas características afetivas mais estáveis e predominantes. É o aspecto funcional ou dinâmico da constituição, no sentido de sua origem totalmente hereditária, porém as influências ambientais, durante os primeiros anos de vida, são de grande importância para a personalidade total.

Já o caráter, segundo Bleger, é dado pelas pautas de conduta mais habituais ou persistentes, e estas são predominantemente influenciadas pelo meio. A personalidade pode ser classificada em função do predomínio das estruturas de conduta.

Bleger afirma ainda que toda conduta é uma pauta específica de relação interpessoal, que revela o vínculo que se estabeleceu na relação com o objeto. Embora centenas de experiências, durante milênios, tenham possibilitado o desenvolvimento filogenético das estruturas biológicas que dão lugar ao desenvolvimento psicológico do ser humano, suas características particulares dependem da cultura e das relações interpessoais. Bleger (1989, p. 195) afirma:

> Não há desenvolvimento humano sem experiência social, nem relação interpessoal. Está fora de dúvida a estreita relação entre estrutura de personalidade e estrutura sociocultural, assim como está fora de dúvida a importância das primeiras experiências da infância na estruturação dos traços mais estáveis e básicos da personalidade.

Quanto a Rafael, a originalidade de sua conduta revela todo o seu ser, pois nela se vê com nitidez seus sentimentos. Havia em seu modo de comportar-se certo distanciamento e a impossibilidade de expressar verbalmente seus sentimentos. Ao mesmo tempo, seu olhar refletia desconfiança, tristeza, reprovação e descontentamento. Seu estrabismo estava em perfeita harmonia com sua "forma de ver" o outro.

Winnicott (1975, p. 142) nos ensina que a confiança baseia-se nas experiências primárias do bebê. Ele vive uma dependência máxima da figura materna, que é responsável por lhe proporcionar, de modo gradativo, a separação e a independência. Muitas vezes, quando ocorre falha nas experiências de confiança entre o bebê e a figura materna, a criança apresenta problemas em seu desenvolvimento.

Freud, em 1910 (1980, v. 21, p. 201), por sua vez, no texto "A concepção psicanalítica da perturbação psicogênica da visão", afirma que "os olhos percebem não só alterações no mundo exterior, que são importantes para a percepção da vida, como também as características dos objetos que os fazem ser escolhidos como objetos de amor – seus encantos".

Rafael, na relação com sua mãe, aprende a calar a voz e a fazer falar o olhar. A mãe, logo na primeira entrevista, já nos deu a chave do enigma de Rafael:

> Ele é uma criança quieta e obediente. Quando está fazendo alguma coisa errada, eu não preciso nem falar; *basta me olhar, e ele já fica todo desconsertado.* Parece que morre de medo. Não sei por quê. A gente não bate!

Como vimos, para Bleger, não há nenhuma manifestação de um ser humano que não pertença à sua personalidade. Logo, as manifestações de conduta, tanto de Rafael como de sua mãe, dizem-nos algo da personalidade de ambos, visto que a natureza das experiências emocionais vividas na relação mãe-filho constitui a base da personalidade da criança. Bleger (1989, p. 35) ensina que a conduta do ser humano não é uma qualidade que emerge de algo interno e que se desprega em um externo: "Não há que buscar em um 'dentro' o que se manifesta 'fora'". Para o autor, as qualidades do ser humano derivam sempre de sua relação com o conjunto de condições totais e reais. O conjunto de elementos, fatos, relações e condições constitui o que se denomina *situação*, que cobre sempre uma fase, ou período, ou tempo. No caso da criança pequena, a *situação* resume-se à relação mãe-filho.

O mundo externo do qual derivam as qualidades da criança, a princípio, resume-se à figura da mãe e vai ampliando-se, até certo ponto, através dos olhos da mãe. A clínica oferece-nos o testemunho da extensão e da profundidade das relações que se estabelecem no início da vida entre criança e meio através da mãe. Mesmo em relação a acontecimentos que envolvem outras pessoas da convivência da criança, a mãe funciona como intermediária entre estas e a criança. Acontecimentos como fatos sociais ou comunitários, ou fatos internos da vida familiar, como as relações do casal e outras, atingem a criança à medida que provocam alterações na conduta da mãe. Confirmam tal afirmação os inúmeros casos de jovens e crianças que atendemos em nossa clínica, cujos pais se encontravam em processo de separação. Evidentemente, estamos referindo-nos àquela mãe que supriu as necessidades básicas de seu filho, constituindo com ele uma relação de confiança. Nessas situações, a relação da criança com o pai é marcada profundamente pelos sentimentos da mãe em relação a esse homem.

Dessa perspectiva de influência da mãe na formação da personalidade do filho, Winnicott fornece importante contribuição para uma teoria do desenvolvimento e para a psicopatologia.

A PSICOPATOLOGIA À LUZ DE WINNICOTT

Do ponto de vista da psicopatologia psicanalítica, as experiências iniciais são extremamente significativas, visto que envolvem necessidades vitais de sobrevivência que são vividas como ameaças à própria integridade do sujeito. Enfrentamos diante delas sensações de pânico insustentáveis. Essas sensações foram descritas por Freud como angústia automática. Melanie Klein denomina-as ansiedades paranóides ou persecutórias; Winnicott conceituou a angústia como aniquilamento. Aliás, vimos que, segundo Freud (1987, p. 75), a angústia é a razão do psiquismo:

> A consideração filogenética (referindo-se às agruras vividas pelos primatas devido à catástrofe glacial) parece reconciliar esta discussão em favor da angústia real e faz-nos supor que uma parcela das crianças traz consigo aquele temor primitivo da era glacial, o que agora induz a tratar a libido insatisfeita como perigo externo.

Nesse momento inicial do desenvolvimento, o meio responsável pela qualidade dessas experiências resume-se ao relacionamento da mãe com o bebê. A mãe, ou a pessoa que lhe faz as vezes, cria um ambiente bastante particular, em que ela inclui ou elimina muitos aspectos do contexto natural do bebê. Esse contexto transforma-se então, em muitos sentidos, em uma verdadeira criação da própria mãe. Esse aspecto é corroborado pelos teóricos citados, bem como por todos os que adotam a psicanálise como referencial teórico de base.

Do ponto de vista do bebê, ele parece estar, de algum modo, preparado, desde que nasce, para registrar com muito maior sensibilidade o que se passa no âmbito desse relacionamento do que qualquer outro acontecimento externo. Nos primeiros períodos, as necessidades do bebê operam uma seletividade para se dirigir ao que lhe satisfaz; logo, o meio com o qual o bebê está apto a relacionar-se resume-se à pessoa da mãe.

É importante esclarecer que não são os aspectos visíveis de tal relação que adquirem toda essa importância para o desenvolvimento da criança, mas as vivências afetivas significativas, mais especialmente os sentimentos inconscientes da mãe que perpassam a relação com o filho. Para o bebê, mais que o suporte material objetivo que é veiculado por meio dos cuidados recebidos, o que importa são os registros qualitativos, traduzidos em vivências afetivas que poderão ser extraídos dessa relação.

Winnicott mostra a importância dessa relação inicial entre a mãe e seu bebê para a saúde mental. Esse autor dedicou-se a examinar pormenorizadamente os cuidados da mãe suficientemente boa para com seu bebê.

Veremos a seguir que a mãe é a figura essencial na teoria do desenvolvimento emocional de Winnicott. Para esse autor, a mãe é o primeiro ambiente para o bebê, tanto em termos biológicos quanto psicológicos. Os sentimentos e a conduta da mãe em relação a seu filho exercem grande influência sobre a saúde dele, desde a gravidez e por toda a vida. Portanto, sua teoria sobre a psicopatologia está intimamente articulada ao papel da mãe e do meio na formação do psiquismo.

Para Winnicott, da idéia de mãe como ambiente faz parte a mulher que ela é, ou seja, a mulher que foi antes do nascimento de seu bebê e continuará a ser enquanto ele se desenvolve. Esse reconhecimento das particularidades da boa maternagem tornou-se um paradigma indispensável para a constituição do *setting* analítico na abordagem winnicottiana. Paradigma com o qual nos identificamos e que tem norteado nossa clínica.

Estaremos discutindo esse ponto na Conclusão, "Tecendo um novo olhar sobre o sintoma escolar". Passemos então aos desenvolvimentos winnicottianos que iluminam nossa prática.

Winnicott (2000, p. 25) chama "mãe suficientemente boa" aquela que é capaz de adaptar-se às necessidades de seu bebê:

> A mãe suficientemente boa (não necessariamente a própria mãe do bebê) é aquela que efetua uma adaptação ativa às necessidades do bebê, uma adaptação que diminui gradativamente, segundo a crescente capacidade deste em aquilatar o fracasso da adaptação e em tolerar os resultados da frustração. Naturalmente, a própria mãe do bebê tem mais probabilidade de ser suficientemente boa do que alguma outra pessoa, já que essa adaptação ativa exige uma preocupação fácil e sem ressentimentos com determinado bebê; na verdade, o êxito no cuidado infantil depende da devoção, e não de "jeito" ou esclarecimento intelectual.

A mãe suficientemente boa é a que sabe gratificar e frustrar na hora certa e na medida certa. Citamos como exemplo uma passagem que nos ficou gravada na memória que confirma a afirmação de Winnicott. Certa vez, em um desses pontos de parada de ônibus na estrada, observamos uma mãe jovem e muito simples trocando a fralda de seu bebê. Enquanto fazia a troca de fralda, conversava com a criança que aparentava ter por volta de cinco a seis meses:

– O neném da mamãe tá com frio. A mamãe vai te esquentar já, já.

Beijava o pezinho do bebê e dizia:

– Que bonitinho o pezinho do neném da mamãe. Não fica com medo não. A mamãe está aqui. O Dudu já vai mamar.

E continuou nomeando sensações, sentimentos, necessidades, bebê, *eu* e *não-eu*.

Essa mãe "natural" (cf. Abram, J., 2000, p. 143), que nos pareceu uma pessoa muito humilde, permitia-nos ver em seus gestos os gestos de seu bebê. E completando a cena, com um jeito todo especial, dava a seu bebê, logo após a troca de fralda, um remédio que, pela reação da criança, não parecia muito saboroso. A mãe pingava gotinhas na boca da criança, que esperneava, chorava e tentava livrar-se do remédio. Todavia, aquela jovem mãe, com a naturalidade daquela que, no dizer de Winnicott, "flui por caminhos naturais", acompanhava as reações do bebê, dizendo:

– É ruim, né, mas é para o neném ficar bonzinho. Já, já, vai passar. Engole, engole, senão a mamãe pinga de novo. Não, não, engole. Pronto, agora a mamãe vai dar agüinha pra sair o gosto ruim. Passou.

Nada mais simples, e ao mesmo tempo de profunda relevância para a constituição de um *eu* saudável. Nessa cena rápida, podemos entrever a possibilidade de organização das vivências que constituem os fundamentos da vida mental. Nada de abstrações e ficções inimagináveis. Apenas o cotidiano fazendo o milagre da vida.

Para Winnicott, o desenvolvimento saudável requer temporariamente um ambiente perfeito. E entende *perfeito* como uma mãe cuja preocupação materna possibilita sensibilidade muito íntima e precisa das necessidades e gestos de seu bebê.

A mãe proporciona experiências que permitem que o *self* [3] incipiente do bebê aflore. Ao começar a vida em um estado de "não-integração", com fragmentos de experiência dispersas e difusas, aos poucos o bebê organiza suas experiências com base nas percepções organizadas que a mãe tem dele, ou seja, à medida que a mãe identifica as necessidades e os desejos de seu bebê e os atende, ela fornece as bases para que ele, aos poucos, também se reconheça e constitua seu eu.

A mãe possibilita de bom grado (o que Winnicott chama de "devoção" da mãe) um "ambiente sustentador" (*holding*) dentro do qual o bebê é contido e sentido. A devoção da mãe nas experiências com seu bebê, segundo Winnicott, é um traço adaptativo natural, enraizado biologicamente do terceiro trimestre de gravidez aos primeiros meses de vida do bebê. Esse estado é chamado pelo autor de "preocupação materna primária".

Além da integração, a mãe, por meio de seus cuidados, possibilita ao bebê o desenvolvimento da compreensão do mundo. Tal processo pode ser ilustrado da seguinte maneira: o bebê, ao ter fome, alucina o seio; a mãe devotada, percebendo a necessidade de seu bebê, oferece-lhe exatamente o seio. O bebê acredita que o criou, vivendo, assim, uma ilusão. Repetidamente, ele alucina, a mãe apresenta o conteúdo da alucinação e o bebê começa a construir a capacidade de projetar o que está verdadeiramente disponível.

No momento da ilusão, a alucinação do bebê e o objeto apresentado pela mãe são tomados como idênticos. O bebê sente-se onipotente, fonte de toda a criação. Winnicott sugere que essa onipotência é a base para o desenvolvimento saudável e a solidez do *self*. São de fundamental importância as antecipações empáticas da mãe e seu sincronismo com o bebê. A simultaneidade de alucinação infantil e a apresentação materna do objeto alucinado oferecem a base experimental repetitiva para o senso de contato com a realidade externa.

Trata-se de um ambiente perfeito, em que a mãe funciona como um espelho, proporcionando ao bebê um reflexo preciso de sua própria experiência e gestos, não obstante suas qualidades fragmentadas e sem forma. Falhas nesse processo prejudicam a capacidade da criança para a auto-experiência e integração, comprometendo o processo de personalização. Se a mãe é capaz de sintonizar-se com os desejos e as necessidades de seu filho, ele afina-se com suas próprias funções e impulsos corporais, que se constituem na base de seu senso de *self*, que se desenvolve pouco a pouco.

Winnicott (1978, p. 416) sugere que a deficiência no cuidado materno, mais especificamente a falha em proporcionar à criança um ambiente perfeito, tem impacto debilitante no desenvolvimento emocional da criança. Ressalta, no entanto, que um ambiente perfeito significa, inicialmente, a total provisão das necessidades e dos desejos do bebê e, posteriormente, a gradual falta dessa provisão. Assim, em um primeiro momento, a mãe não pode falhar em reconhecer as autênticas necessidades de seu filho, e, em um segundo momento, deve falhar gradualmente, para que o bebê possa constituir-se como um *ser* separado dela.

O fracasso da mãe em realizar os gestos e as necessidades da criança nesse primeiro momento da vida debilita a possibilidade da onipotência alucinatória, limitando sua crença em sua própria criatividade e em seu poder de auto-satisfação, prejudicando a evolução da psique e seus fundamentos somáticos. Adiante, estaremos refletindo sobre esse tema tratado por Winnicott em um artigo de 1949, intitulado "A mente e sua relação com a psique-soma".

Na organização da vida mental, um dos aspectos mais importantes que emergem dessas primeiras experiências de vida é a constituição do núcleo de identidade pessoal e a possibilidade de distinção entre esta identidade e o que está fora dela.

Segundo Winnicott (1990), a criança vai-se desenvolvendo para ser uma pessoa saudável e poder relacionar-se com as outras pessoas. Para isso, terá de passar do estado de relação de objeto para o estado de uso do objeto. Dessa forma, a criança terá a consciência da existência de um "eu" e um mundo fora dela, exterior a ela, um mundo "não-eu", em que ela não será onipotente e seu ego estará integrado. Winnicott (1978, p. 494-495) entende que a capacidade empática da mãe favorece a presença da sensação de onipotência do lactente, que se sente capaz de criar, experienciando a satisfação, e este período de interação precoce entre mãe e bebê é a base para a criança capacitar-se a desenvolver um sentido progressivo de construção da sensação subjetiva da capacidade de criar.

Pelo exposto, percebe-se como esse aspecto da organização mental guarda estreita dependência do tipo de relação estabelecida entre o bebê e quem cuida dele, pois essa identidade está em sintonia com a qualidade dessas experiências. Imaginando dois extremos dessa situação, podemos afirmar que, se uma criança, por meio das experiências iniciais, vive a sensação de ser amparada, cuidada, protegida, ela vai desenvolver a crença na possibilidade de superação dos perigos que a vida impõe. No entanto, havendo insuficiência de cuidados e de proteção necessária, ela passa por esse período inicial sentindo sempre uma angústia muito grande perante as situações que tem de enfrentar, e as resultantes internas de organização do eu podem ser, por exemplo, uma indisposição para se ligar ao mundo externo, ou uma desconfiança generalizada do ambiente que o cerca, ou outras tantas dificuldades que a clínica nos mostra.

Retomando o pensamento de Bleger, podemos dizer que, ao longo do desenvolvimento, essas experiências iniciais resultarão em pautas de conduta, que se põem em ação sempre que um perigo (real ou não) for pressentido. Da mesma forma, também podemos supor que essas pautas de conduta da criança seriam a resposta possível à estrutura de conduta da mãe. Não haveria, porém, uma relação direta entre uma conduta e outra, visto que para cada estrutura de conduta da mãe existe uma única possibilidade de resposta em termos de conduta do filho, mas haveria uma adaptação possível, como vivência particular do par mãe-bebê em questão. Afirma Bleger (1989, p. 145):

> Frente ao objeto perigoso são factíveis distintas técnicas, que são as que denominamos estruturas de conduta: paranóide, ansiosa, depressiva, evitativa, ritualística, esquizóide, histérica, hipomaníaca, confusional, acessional, hipocondríaca.

O quadro sinóptico seguinte, apresentado por Bleger, indica os aspectos principais das estruturas de conduta segundo a definição do autor:

Quadro Sinóptico das Estruturas de Conduta

Objeto	Estrutura	Características clínicas
Total (ambivalente)	Depressiva Ansiosa Paranóide Evitativa	Culpa e expiação Ansiedade, desassossego Desconfiança e reivindicação Evitação
Parcial (divalente)	Esquizóide Histérica Ritualística Hipomaníaca Confusional	Distância e isolamento Representação e sedução Rituais e cerimoniais Ritmo rápido e alternante Falta de discriminação
Aglutinado (ambíguo)	Acessional Hipocondríaca	Destrutividade, viscosidade, paroxismos Relação com o órgão e a queixa

Fonte: Bleger (1989, p. 151).

Winnicott, assim como Bleger, afirma que o ambiente pode resultar em problemas na relação do sujeito consigo mesmo e com o mundo. Vimos que, na concepção de Bleger, o meio tem profunda influência na determinação da conduta, e que esta é maior no início da vida. Afirma Bleger (1989, p. 121) que toda doença, orgânica ou mental, tem causas biológicas e psicológicas que se sobrepõem e coexistem, com predomínio variável entre elas:
Em relação às causas psicológicas, afirma:

> As causas psicológicas não devem ser referidas, então, a uma origem mental ou psíquica, e sim à relação do sujeito com seu meio e, especialmente, à sua relação com outros seres humanos, a um contexto que deve ser investigado em cada caso.

Da mesma forma que Bleger, Winnicott, em toda a sua obra, enfatiza o meio e sua influência sobre a saúde emocional da criança. Para esse autor, o primeiro ambiente que se constitui para o bebê é a mãe, e no princípio ambos estão fundidos em uma estrutura meio-indivíduo. Em seu artigo "A teoria da saúde mental" (1944), diz que a psicologia, por causa da psicanálise, caminha no sentido de admitir a teoria do transtorno mental como um distúrbio do desenvolvimento emocional. A base da saúde mental para Winnicott estaria assentada na primeira infância, no relacionamento entre bebê e mãe e, de uma forma mais primitiva, entre o bebê e sua mãe subjetiva; mais primitivamente, ainda, no estabelecimento do *self* do bebê (Winnicott, 1994, p. 407-409).

Para Winnicott, o impacto do meio sobre a saúde mental é tão fundamental que não se pode pensar em um bebê sem relacioná-lo ao mundo externo. Em outras palavras, para o autor, não há o indivíduo e, portanto, a sua doença não existe; o que existe é o indivíduo em relação ao mundo externo. Winnicott (1931, em Abram, 2000, p. 26) afirma que:

> (...) se me for apresentado um bebê, certamente também me será apresentado alguém que cuida do bebê, ou ao menos um carrinho de bebê com os olhos de alguém grudados nele. Podemos entrever os cuidados próprios a esse par. Antes das relações objetais, o estado das coisas é a unidade, não é o indivíduo. *A unidade é a estrutura meio-indivíduo.* O centro de gravidade do ser não se coloca no indivíduo, mas sim no todo da estrutura. (Grifo nosso)

Khan, prefaciando a obra *Da pediatria à psicanálise*, de Winnicott, escreve que, para o autor, o paradoxo da relação mãe-filho reside no fato de que o meio (mãe) torna possível o *self* em formação do bebê não só no interior somático de seu útero, mas também nos primeiros estágios da descoberta e da percepção do que lhe foi dado de forma inata, e da pessoa em que ele virá a tornar-se. Prossegue Khan, afirmando que, segundo Winnicott, a essência da experiência infantil reside na dependência do cuidado materno (ambiental) e que o bebê humano só pode começar a *ser ligado* à maternagem.

Winnicott (1983), em sua teoria sobre o desenvolvimento emocional da criança, propõe que o desenvolvimento seja pensado em termos de uma jornada que leva o ser humano da dependência à independência, passando por três etapas: *dependência absoluta, dependência relativa* e a terceira etapa que denomina *rumo à independência*, visto que, para o autor, nenhum ser humano é independente, pois não pode viver sozinho. Para o autor, a vantagem dessa abordagem, em termos de jornada, é que ela nos permite considerar ao mesmo tempo os fatores pessoais e ambientais:

> Nesta linguagem, normalidade significa tanto saúde do indivíduo como da sociedade, e a maturidade completa do indivíduo não é possível no ambiente social imaturo ou doente. (Winnicott, 1983, p. 80)

Seguindo a trilha do pensamento de Winnicott e reportando-nos à clínica do sintoma escolar, podemos dizer que a normalidade significa tanto a saúde da criança quanto da família e da escola. Mais uma vez nos vêm à memória as crianças que chegam a nossa clínica. Em geral, os pais revelam severas dificuldades no desempenho de seus papéis na vida dos filhos. Essas dificuldades estão relacionadas a conflitos pessoais dos genitores, que, por sua vez, resultarão em empecilhos para o desenvolvimento emocional dos filhos. As proposições de Winnicott acerca da jornada do lactente rumo à independência são bastante esclarecedoras dessa interferência da problemática dos pais na constituição psíquica dos filhos.

Descreveremos a seguir os aspectos desses desenvolvimentos de Winnicott, que têm sido de significativa importância na compreensão do agir humano em nossa clínica.

Iniciaremos apresentando as peculiaridades da fase denominada dependência absoluta, que abrangeria, em termos de desenvolvimento normal, os primeiros seis meses de vida.

Nessa etapa, segundo Winnicott, as características herdadas, o processo de maturação e as tendências patológicas possuem realidade própria, porém dependem da provisão do meio para se concretizarem. O autor afirma que, embora os pais não tenham total controle sobre o desenvolvimento dos filhos, eles podem "adaptar-se" às necessidades da criança que é sadia, oferecendo-lhes condições adequadas, para que o processo de maturação não fique bloqueado. Alerta-nos, no entanto, que esse "adaptar-se" é algo extremamente complexo, tão complexo que a natureza encarregou-se de possibilitar à mãe um estado interessante, especial, no qual fica identificada com seu bebê, de forma que possa reconhecer as necessidades dele. Contudo, tal estado, que foi denominado por Winnicott "preocupação maternal primária", só pode ocorrer na mãe sadia, que, do ponto de vista da teoria em questão, significa a mãe que se apresenta como a mulher que recebeu uma boa maternagem.

De acordo com Winnicott, o potencial herdado pelo bebê possui uma exterioridade semelhante à do meio em termos de desenvolvimento emocional, e é da união desses dois fatores, herança e meio, que o sujeito irá constituir-se na saúde ou na patologia. Observa o autor que, ao falar da adaptação da mãe às necessidades de seu bebê, está referindo-se às necessidades do ego, e não apenas às necessidades instintivas. Assim, diz o autor que uma mãe que não é boa em dar de mamar "não desaponta seu nenê", se rapidamente encontrar a fórmula para satisfazer à necessidade do ego desse filho. Para ilustrar as necessidades do ego de um bebê, Winnicott cita o colo, a temperatura da água do banho e diz que, na verdade, trata-se de poupar, ou não, a criança de uma série de incômodos e irritações, e que essas vivências vão constituir-se em uma espécie de plano para a existência.

Todos os processos de uma criatura viva constituem um vir-a-ser, uma espécie de plano para a existência, e só uma mãe devotada é capaz de proteger o vir-a-ser de seu bebê. Winnicott (1990, p. 82) diz que uma falha de adaptação, ou seja, uma irritação, causa uma reação no lactente, e essa reação quebra esse vir-a-ser. Se reagir a irritações é o padrão da vida da criança, então existe uma séria interferência com a tendência natural que existe na criança de se tornar uma unidade integrada, capaz de ter um *self* com um passado, um presente e um futuro. Uma relativa ausência de reações a irritações dá uma boa base para a construção de um ego corporal. Dessa forma, são lançadas as *bases para a saúde mental futura*.

A cobertura do ego e a solicitude da mãe diminuem com um aumento do exercício das funções do ego ativo da parte do bebê. A mãe do começo que materializa o desejo alucinatório passivo do bebê dá lugar à mãe que responde às necessidades que são agora realmente expressas por gestos e sinais. O fracasso gradual de adaptação da mãe é essencial para o processo de separação, de diferenciação e de realização. Chega-se, dessa forma, à segunda etapa de sua jornada: a de dependência relativa.

Nessa etapa, que vai mais ou menos de seis meses a dois anos, a mãe vai provendo a criança de uma desadaptação relativa que produz conhecimento. Como exemplo, Winnicott cita o caso de um lactente à espera de alimentação:

> Imaginem um lactente esperando a alimentação. Vem o tempo em que o lactente pode esperar uns poucos minutos, porque os ruídos na cozinha indicam que a comida está prestes a aparecer. Ao invés de simplesmente ficar excitado pelos ruídos, o lactente usa esses novos itens para se capacitar a esperar. (Winnicott, 1990, p. 83)

O autor alerta, porém, que a compreensão intelectual pode ser postergada pela existência de confusão no modo como a realidade é mostrada. O processo inteiro de cuidado do lactente tem como principal característica a apresentação contínua do mundo à criança. A esse respeito nossa clínica proporcionou-nos inúmeros testemunhos.

Muitas crianças que chegaram a nosso consultório com queixa de dispersão, de desorganização e, evidentemente, de problemas escolares traziam histórias cujas mães mostravam severas dificuldades na organização da rotina da criança, bem como na percepção das necessidades dos filhos. Essas dificuldades que facilmente pudemos constatar ao analisar o dia-a-dia da família, fizeram-se presentes desde o nascimento da criança. Afirma o autor que apresentação não-confusa da realidade só é possível por alguém que esteja devotado à tarefa de cuidar do lactente:

> A mãe emergirá deste estado de devoção espontânea e logo voltará a sua escrivaninha, ou a escrever novela, ou a uma vida social junto com seu esposo, mas nesse período ela está nisto até o pescoço. (p. 84)

Em relação aos casos mencionados, podemos afirmar que ou nos deparávamos com mães que, como diz o autor, nunca estiveram nisso até o pescoço, ou nunca deixaram de estar nisso até o pescoço.

Winnicott diz ainda que a identificação do lactente com sua mãe é um processo fundamental para o desenvolvimento e que ocorre muito cedo. Há reflexos primitivos que formam a base desses desenvolvimentos, como, por exemplo, quando um bebê responde com um sorriso a outro sorriso. Logo o bebê se torna capaz de formas mais complexas de identificação, indicando a existência de imaginação. O autor cita o caso do lactente que pode desejar encontrar a boca da mãe e alimentá-la com o seu dedo enquanto suga seu seio.

No estágio de dependência absoluta, a criança não tem percepção de sua dependência materna, enquanto no estágio de dependência relativa, o lactente torna-se consciente dessa dependência. Dessa forma, no primeiro estágio, se a mãe está ausente, o lactente não percebe esse fato; essa falha permite-lhe beneficiar-se de sua habilidade especial de evitar irritações ou incômodos, e certos desenvolvimentos essenciais na estrutura do ego falham em tornar-se bem-estabelecidos. Cabe aqui lembrar, pensando no caso G., que a mãe pode estar presente e, ao mesmo tempo, falhar na provisão ambiental, ou adaptação. Está claro que Winnicott se refere não à presença física, mas à presença psicológica. Já no estágio de dependência relativa, segundo o autor, quando a mãe fica ausente por tempo superior ao que a criança possa acreditar em sua sobrevivência, aparece a ansiedade, e é justamente esse o primeiro sinal de que a criança percebe a sua dependência em relação à mãe.

As deficiências maternas são sentidas pela criança como uma experiência aterradora e resultam na experiência de aniquilamento do *self* do bebê. Algo de fora está fazendo reivindicações a ele, exigindo uma resposta. O bebê é obrigado a abandonar seus próprios desejos, a aceitar prematuramente sua impotência diante das próprias demandas e a amoldar-se ao que lhe é fornecido.

Como conseqüência dessa intromissão prolongada, por necessidade, muito cedo o bebê sintoniza-se às reivindicações e aos pedido dos outros. Perde o contato com suas próprias necessidades e gestos espontâneos, uma vez que estes não correspondem aos que sua mãe lhe oferece. Tal estado de coisas resulta em uma cisão que Winnicott expõe em termos de um "*self* verdadeiro", que se torna distante e atrofiado, e de um "falso *self*". O *self* verdadeiro, fonte de necessidades, imagens e gestos espontâneos, dirige-se a um esconderijo, evitando a todo custo a possibilidade de expressão, sem ser visto ou atendido, o que corresponde à completa aniquilação psíquica. O falso *self* fornece a ilusão da existência pessoal, cujo conteúdo é constituído pelas expectativas da mãe. A criança forma sua imagem pela imagem que a mãe faz dela. O "falso *self*" vem para assumir de alguma forma as funções dos cuidados que o ambiente falhou em fornecer. Ele baseia-se em funções cognitivas em suas antecipações e reações a intromissões ambientais, resultando em um excesso de atividade da mente e em uma separação dos processos cognitivos de qualquer razão afetiva ou somática (cf. Winnicott, 1990, p. 128-144).

Até aqui, a criança percorreu uma jornada que começou com o estágio em que as tendências à integração do lactente levaram-na a constituir-se como uma unidade, uma pessoa completa, com um interior e um exterior, e a constituir-se como uma pessoa que vive dentro de um corpo, mais ou menos limitada pela pele. Aqui, podemos citar um caso que se passou em nossa clínica que ilustra a impossibilidade de a criança identificar esse limite interno-externo concretizado pela pele. Mais adiante, relataremos esse caso, designado aqui de Lucas; por ora, apresentaremos o desenho de uma figura humana.

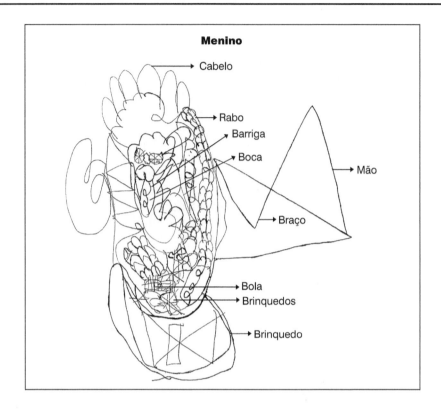

Embora Lucas tivesse sete anos de idade ao realizar esse desenho de uma figura humana, podemos observar que os limites entre interno e externo não foram constituídos; logo, não havia um eu/não-eu. Winnicott (1990, p. 86 diz que "o interior significa o eu, e há então um lugar para estocar as coisas. Na fantasia da criança, a realidade pessoal psíquica está localizada no interior. Se estiver localizada no exterior, haverá boas razões para isso".

No desenho de Lucas, não existe limite entre o mundo externo e o eu. O brinquedo de Lucas é parte de seu corpo, assim como a roupa, o tênis e qualquer outro objeto com o qual se vinculasse.

Quando a criança está com dois anos de idade, iniciam-se novos desenvolvimentos e, gradativamente, torna-se capaz de confrontar-se com o mundo e todas as suas complexidades. Aos poucos, vai identificando-se com a sociedade e, ao mesmo tempo em que se envolve com ela, vive uma existência pessoal satisfatória. Winnicott menciona as possibilidades de recuo nesse processo de desenvolvimento; a adolescência seria esse recuo previsto. Diz o autor que "rumo à independência" significa o esforço da criança pré-escolar, escolar e da criança já na puberdade no sentido de crescer e de amadurecer.

Na puberdade e na adolescência, há uma regressão do desenvolvimento da socialização. Pode haver tensão social antes que o indivíduo tenha alcançado sua base pessoal de tolerância, portanto; nessa fase, é fundamental o apoio dos pais. Quando o indivíduo chega à adolescência – transição entre infância e fase adulta –, ele passa por uma crise, com regressão à dependência. Novamente, é necessário o apoio do pai e da mãe (de forma adaptada à idade do indivíduo). A crescente autonomia pode, portanto, assustar a própria criança ou – da mesma forma – o adolescente. Este, por um lado, quer defender em alguns momentos, com unhas e dentes, sua liberdade e privacidade, mas, em outros, insiste em prestar contas de seus atos, ou, quando faz algo contrário às expectativas dos pais, acaba por vezes deixando alguma pista para ser descoberto, como se estivesse pedindo que os pais continuassem a ser responsáveis por ele.

Para Winnicott, a imaturidade é uma parte muito preciosa da adolescência, pois sentimentos novos e diferentes estão contidos nela. Se os adultos não compreendem o adolescente, ele terá de tornar-se prematuramente um adulto. O adolescente imagina uma sociedade ideal advinda dessa imaturidade, que dura apenas alguns anos e que será perdida por cada um quando a maturidade for alcançada. Somente a passagem do tempo e a experiência de vida o permitirão aceitar gradativamente a responsabilidade de suas fantasias pessoais. A adolescência é um crescimento que leva tempo. E, enquanto o crescimento se encontra em progresso, as figuras parentais precisam assumir a responsabilidade para que seus filhos adolescentes não adquiram uma falsa maturidade e percam sua maior vantagem que é a "liberdade de ter idéias e de agir segundo o impulso" (Winnicott, 1975, p. 201).

Winnicott conclui seu estudo dizendo que um adulto saudável é capaz de atender a suas necessidades pessoais sem ter de ser anti-social, ou melhor, ele é capaz de identificar-se com a sociedade sem ter de sacrificar sua espontaneidade pessoal. O indivíduo e o meio relacionam-se de forma a tornarem-se interdependentes. Daí não se poder dizer que a independência seja absoluta.

Psicopatologia como deficiência do meio

Para Winnicott, o ser de cada pessoa resulta da dialética do herdado biologicamente e do meio. São as condições ambientais que possibilitam ao bebê começar a vida existindo e não reagindo. Da dependência total e absoluta caminha-se rumo à independência, com uma mudança cognitiva da concepção onipotente para a percepção realística. O autor chama a atenção para a fragilidade do ser humano. Começamos a vida completamente dependentes do reconhecimento e da facilitação de nossos desejos e necessidades por aquele que nos cuida e que nos dará ou não a chance de nos conhecermos e existirmos.

Bleger (1989), por sua vez, mostra que nossa relação com o mundo, portanto nossa conduta, decorre do fato de o mundo externo incorporar-se como conduta no ser humano, e para que isso ocorra é imprescindível que o ser humano se incorpore a si mesmo no mundo externo.

Ambos os autores, de uma perspectiva relacional, enfatizam o valor da experiência emocional relativamente à possibilidade de existência do ser. O ser humano é o resultado da integração de suas características constitutivas biológicas e do meio no qual teve ou não a oportunidade de desenvolver-se.

Gradativamente, com base nessa atuação no mundo externo, o bebê vai integrando suas experiências e constituindo um eu diferente do *não-eu*, da mesma forma em que vai fazendo diferenciações entre os níveis somático e mental, ou seja, vai realizando progressivos processos de psicologização de uma parte das experiências que, pouco a pouco, vão destacando-se do plano somático. Os estados afetivos passam a expressar-se de maneiras próprias e específicas por meio da conduta. Isso possibilita ao bebê ir aos poucos reconhecendo mentalmente as características funcionais de seu próprio corpo e incorporando-as aos processos psicológicos de identificação primitiva do eu.

As situações em que isso não ocorre de modo adequado podem levar à manutenção dessa via de expressão a certos estados afetivos, o que provoca os diversos fenômenos clínicos denominados perturbações psicossomáticas.

Na abordagem psicopatológica de Winnicott, a saúde mental é constituída pela relativa integridade e espontaneidade do *self*, que, por sua vez, depende dos cuidados adequados dos pais. A personalidade dos pais, segundo Winnicott, tem enorme impacto no desenvolvimento da criança: quando a patologia deles interfere na relação com os filhos, ela reverbera na psicopatologia da criança.

Nossa experiência clínica leva-nos a confirmar a posição desse autor, visto que nos tem mostrado, das mais diversas formas, que a qualidade das experiências iniciais tem profunda relação com nossa capacidade de "ser", de sentir-se real. Sentir-se real é mais do que existir; "é descobrir um modo de existir como si mesmo, relacionar-se aos objetos como si mesmo e ter um eu (*self*) para o qual se retirar, para relaxamento" (Winnicott, 1975, p. 161).

Quando nos referimos à qualidade, vem-nos à memória a frase de Winnicott (1975, p. 150): "Um bebê pode ser alimentado sem amor, mas a falta de amor ou um cuidado impessoal não pode ter sucesso em produzir uma nova criança humana autônoma". É a esse aspecto da relação que nos referimos, quando falamos em qualidade: a capacidade do adulto de amar a vida que depende de seus cuidados. O *setting* analítico, ou seja, a experiência de produzir no processo terapêutico um ambiente que possa ser reparador da falha ambiental precoce, dá provas, todos os dias, da falta de amor vivida nas experiências mais precoces. A dificuldade e o pavor em sentir confiança no analista, bem como as formas de defesa experimentadas pelo paciente por um período, revelam a natureza das vivências iniciais.

Gostaríamos de ilustrar nossa afirmação com uma experiência clínica. Vale esclarecer que nosso objetivo é apenas nos reportarmos a uma situação concreta, de forma que não nos deteremos em aspectos que são de extrema relevância para a compreensão do caso, mas que extrapolam o objetivo deste livro. Há anos iniciamos o atendimento de um homem de 30 anos, cujo conteúdo das primeiras sessões versava sobre suas idéias suicidas. Um mês após o início do processo, ele permitiu que telefonássemos para seus pais, a fim de orientá-los quanto aos cuidados médicos necessários. Solicitei que comparecessem ao consultório o mais breve possível; depois de algumas horas, pai e mãe lá estavam. Expliquei a gravidade da situação e dei as primeiras orientações. Passaram-se semanas sem que retornassem com as providências socilitadas. Tentei contatá-los por telefone inúmeras vezes e percebi o total desinteresse com relação aos cuidados que o filho requeria. Disse à mãe, por telefone, que o risco de suicídio era grande e, mesmo assim, os pais não se mobilizaram. Vários episódios ao longo do meu percurso junto a esse paciente foram contribuindo para que eu pudesse confirmar a falta de amor na relação mãe-filho e entender a dificuldade do rapaz em estabelecer uma relação de confiança. Sem contar com a colaboração da família, providenciei o encaminhamento do paciente, o qual passou a ser atendido pelo psicólogo da clínica psiquiátrica onde permaneceu internado por alguns meses. Posteriormente, tive notícias de que em um domingo, após aguardar pela visita da mãe por várias horas, o paciente enforcou-se no banheiro da clínica onde se encontrava internado. Embora esses acontecimentos tenham se passado há mais de 15 anos, permanecem vivos em minha memória, confirmando o que nos ensinou Winnicott sobre a relação entre o amor materno e o amor à vida.

A abordagem winnicottiana do tratamento psicanalítico é conseqüência de seu modelo estrutural-relacional quanto ao amadurecimento, ao desenvolvimento e à psicopatologia.

Winnicott diz que na psicanálise o fator curativo reside na forma como o meio analítico garante os cuidados iniciais ausentes, preenchendo necessidades de desenvolvimentos anteriores. Para o autor, a função da psicanálise é compensar o paciente de fracassos vividos na relação inicial. A pessoa do analista e o meio analítico "sustentam" o paciente; em virtude da confiabilidade, da atenção, da responsabilidade, da memória do analista, o *self* ocultado cede lugar ao *self* verdadeiro, que voltará a crescer. A respeito da etiologia do falso *self*, o autor citado (1990, p. 132) afirma que a etiologia do falso *self* remete-nos ao estágio das primeiras relações objetais. Nesse estágio, o lactente está não-integrado na maior parte do tempo, e nunca completamente integrado; a coesão dos vários elementos sensório-motores resulta do fato de que a mãe envolve o lactente, às vezes fisicamente, e de modo contínuo simbolicamente. Periodicamente, um gesto do lactente expressa um impulso espontâneo; a fonte do gesto é o *self* verdadeiro, e esse gesto indica a existência de um *self* verdadeiro em potencial. O modo como a mãe responde a esta onipotência infantil revelada em um gesto (ou associação sensório-motora) desenvolverá, ou não, um *self* verdadeiro. Para Winnicott, a mãe que não é suficientemente boa não é capaz de complementar a onipotência do lactente. A inabilidade da mãe em reconhecer as necessidades do lactente resultará no estágio inicial do falso *self*.

As relações específicas com a figura materna ou com quem faz este papel são essenciais ao desenvolvimento da pessoa. Quando elas são satisfatórias, permitem à criança crescer e tornar-se uma pessoa sadia; quando estão ausentes, o *self* incipiente é aprisionado e um falso *self* surge para protegê-lo e escondê-lo do mundo, que é sentido como inseguro para uma vida autêntica e espontânea. O falso *self* é então constituído como uma defesa, com variados graus. Winnicott dividiu a organização do falso *self* em um espectro que se estende da patologia à saúde. Entretanto, em cada uma das classificações, o falso *self* mostra-se como uma estrutura que existe para defender o verdadeiro *self*, mesmo na saúde. O meio é que configura as qualidades de defesa exigida. Relativamente a esse aspecto, Winnicott alerta sobre um quadro clínico profundamente enganoso: em certos casos, um falso *self* organizado em um indivíduo com grande potencial intelectual em geral faz da mente o lugar do falso *self*, resultando daí uma dissociação da atividade intelectual e da existência psicossomática. Logo, temos uma dupla anormalidade: o falso *self* oculta o verdadeiro e utiliza o intelecto para resolver o problema pessoal. Essa configuração é profundamente enganosa, de forma que a autodestruição do indivíduo causa profundo espanto nas pessoas que haviam depositado uma grande confiança nele.

Segundo Winnicott (1978, p. 414), na pessoa sadia, "presume-se, a mente não é, para o indivíduo, algo para ser usado para escapar de ser psicossomático". O autor desenvolve esse tema em seu artigo de 1949, "A mente e sua relação com a psique-soma". Nesse artigo, defende a idéia de que a dicotomia corpo/mente não passa de uma ilusão, visto que os elementos da mente têm um equivalente somático. Afirma que a mente como uma entidade, conforme vista pelos psicólogos, não existe. Para Winnicott, o conceito de mente só pode existir como "indivíduo total"; portanto, estudar a mente de um indivíduo implica estudar o indivíduo total, incluindo sua história de desenvolvimento desde os primórdios de sua existência psicossomática. Nessa abordagem, a mente é um funcionamento da psique-soma, de forma que a palavra *psique* significa, para o autor, "a elaboração imaginativa de partes, de sentimentos e de funções somáticas, isto é, da vivência física" (p. 411). Logo, por meio de um processo de crescimento gradual, "o corpo vivo, com seus limites, e com um interior e exterior, é sentido pelo indivíduo como formando o cerne do *self* imaginativo" (p. 411).

Com base nessas considerações, Winnicott desenvolve a teoria da mente, em que ela tem como uma de suas raízes o funcionamento variável da psique-soma, que resulta dos esforços do bebê para adaptar-se ao meio. O bebê necessita, para a continuidade de sua existência, que começa no útero da mãe, de um meio que lhe assegure o atendimento de suas necessidades e que, no momento certo, falhe gradualmente nesse atendimento, para que possa fazer uma adaptação ativa, compensando o fracasso relativo do meio, por meio da atividade mental ou da compreensão. Conforme já discorremos a esse respeito, do desenvolvimento da relação bebê-meio decorre a visão winnicottiana da psicose como uma doença de deficiência ambiental. O caso de Lucas, cujo desenho apresentamos, corrobora claramente a posição do autor. A mãe relata ter vivido um prolongado período de depressão logo após o nascimento do filho, de forma que nos dois primeiros anos viveu uma profunda rejeição por seu bebê, cuja existência a remeteu à sua vivência como bebê.

Diz a mãe, na primeira entrevista:

> – Sabe, eu quase não pude cuidar dele direito. Eu tive muita depressão quando ele nasceu. Já na gravidez, fiquei muito deprimida. Sabe, eu engravidei, e a família dele não queria. Ele já tinha 47 anos, mas quem mandava nele era a minha sogra. Ela era viúva, e o L.E. era o companheiro dela. Ela judiou muito de mim. Vivia dizendo que eu dei o golpe do baú. Eu tinha 30 anos, e ele, 47. Não éramos mais crianças, mas a velha é que mandava nele. Ela é louca, sabe! É louca mesmo! Por isso ele é assim. Nos três primeiros anos, ela me deixou quase louca. Eu tive síndrome de pânico. Até hoje, tomo Lexotan a Anafranil. Eu não pude cuidar direito do meu filho. Ele vivia na mão de empregadas. Tive uma louca que bebia, outra que roubou um monte de coisas; ninguém parava em casa, e o Lucas vivia na mão de uma e outra.

Vimos que, inicialmente, o bebê não é uma unidade. Sua integração como um *eu* decorre de uma adaptação ativa do meio. A ausência dessa adaptação, porém, pode ter consequências devastadoras para o ego da criança, uma vez que a integração, a personalização e a capacidade de estabelecer uma relação estão em estreita ligação com os cuidados oferecidos.

Diz Winnicott (1990, p. 59):

> Parece possível relacionar estes três fenômenos do crescimento do ego com aspectos do cuidado da criança: Integração relaciona-se com cuidado. Personalização, com manejo. Relações de objetos, com apresentação de objetos.

A fragmentação, a indefinição e a indiferenciação do *eu* e do *não-eu* observados na conduta de Lucas nas sessões, e aqui ilustradas por meio do seu desenho, são reveladores do estado de não-integração de seu ego. A queixa da escola e dos pais e o relato da mãe a respeito dos cuidados iniciais oferecem uma base concreta às formulações de Winnicott sobre sua teoria acerca da integração do ego da criança em desenvolvimento.

Nesse sentido, vamos citar Winnicott (1990, p. 60), que, de uma forma especial, põe em palavras o nascimento da psique:

> A integração está intimamente ligada à função ambiental de segurança. A conquista da integração baseia-se na unidade. Primeiro vem o "eu" que inclui "todo o resto é não-eu". Então vem "eu sou, eu existo, adquiro experiências, enriqueço-me e tenho uma interação introjetiva e projetiva com o não-eu, o mundo real da

realidade compartilhada". Acrescente-se a isso: "Meu existir é visto e compreendido por alguém"; e ainda mais: "É-me devolvida (como uma face refletida em um espelho) a evidência de que necessito de ter sido percebido como existente".

Em circunstâncias favoráveis, a pele torna-se o limite entre o eu e o não-eu. Dito de outro modo, a psique começa a viver no soma e uma vida psicossomática de um indivíduo inicia-se.

Assim, o ego, de acordo com uma tendência natural do processo de maturação, e desde que o meio ofereça as condições, vai integrar pouco a pouco certas experiências à personalidade. O cuidado corporal que o bebê recebe vai possibilitar-lhe que se sinta uma pessoa. O toque que é suficientemente bom inaugura uma "psique que habita o soma". Winnicott (1990) refere-se a isso como personalização, o que significa que o bebê passa a sentir, como conseqüência do toque amoroso, que seu corpo constitui-se nele mesmo (o bebê) e que seu sentimento de *self* centra-se no interior de seu próprio corpo. Logo, "o ego baseia-se em um ego corporal, mas só quando tudo vai bem é que a pessoa do bebê começa a ser relacionada com o corpo e suas funções, com a pele como membrana limitante" (p. 58).

O autor utiliza a palavra *personalização*, opondo-a à *despersonalização*, a condição por meio da qual o indivíduo experimenta a cisão de mente e de corpo, em que não se sente como pertencente a seu próprio corpo.

Winnicott relaciona as conseqüências de um apoio defeituoso ao ego por parte da mãe (ou quem faz esse papel) a quadros como esquizofrenia infantil ou autismo.

Ele afirma que as falhas do meio em proteger a criança cujo padrão é o de fragmentação da continuidade do ser, das ansiedades inimagináveis do início da vida, sobrecarregam o desenvolvimento no sentido da psicopatologia. Assim, pode haver um fator muito precoce (datado dos primeiros dias ou horas de vida) na etiologia da inquietação, da hipercinesia e da falta de atenção (posteriormente designada como incapacidade de se concentrar).

Quando Lucas chegou a nossa clínica, estava com sete anos e quatro meses. Foi encaminhado pela escola na qual cursava a 1ª série. A professora apresentava como queixa: "dificuldades de aprendizagem, comportamento inquieto, dispersão, dificuldade no relacionamento com os colegas". Os pais, por sua vez, faziam o seguinte relato das dificuldades do filho:

– Ele tem muita dificuldade para se entrosar na escola. Já passou por quatro. É muito disperso. Tem hora que parece que se desliga e fica balançando o corpo para frente e para trás. Nessa hora, a gente pode falar com ele que ele não responde. Outras vezes, não pára quieto, fica se mexendo, anda para lá e para cá e deixa a gente até nervoso. Quando cisma com alguma coisa, morre de medo e a gente não entende por quê.

De acordo com a teoria em questão, oposto à *integração* é a *não-integração*. Já o termo desintegração descreve uma defesa sofisticada, que é uma produção ativa do caos contra a não-integração, na ausência de auxílio ao ego da parte da mãe, isto é, contra a ansiedade inimaginável ou arcaica resultante da falta de segurança no estágio da dependência absoluta. O caos da desintegração pode ser tão "ruim" como a instabilidade do meio, mas tem a vantagem de ser produzido pelo bebê e é, por isso, não-ambiental. Está dentro do campo da onipotência do bebê. Do ponto de vista do tratamento é analisável, enquanto as ansiedades inimagináveis não o são (cf. Winnicott, 1983, p. 59-61).

O caso de Lucas é exemplar desta perspectiva, de forma que respondeu ao manejo com a devida associação psicossomática.

Veremos no capítulo seguinte, ao analisar os casos com base nos pressupostos do autor, que suas teses a respeito da importância do meio na saúde e na doença são confirmadas no mais simples e no mais complexo cotidiano humano, logo toda psicopatologia dentro de seu sistema envolve dano no funcionamento do *self* e é assim, por definição, um produto do meio (pais ou quem exerce essa função).

Esclarece que quaisquer que sejam os fatores externos, é a forma como a criança sente que conta. É necessário lembrar, contudo, que há um estágio anterior àquele em que a criança começa a repudiar o não-eu, e nesse estágio tão precoce, não há nenhum fator externo; a mãe é parte da criança. Nesse estágio, o padrão da criança inclui a experiência da criança com a mãe tal como ela é em sua realidade pessoal. Quanto às implicações na relação terapêutica, discutiremos no capítulo a seguir.

NOTAS

1. Em psicanálise, transferência designa o processo pelo qual os desejos inconscientes atualizam-se sobre determinados objetos no quadro de certo tipo de relação estabelecida com eles e, evidentemente, no quadro da relação analítica. Trata-se aqui de uma repetição de protótipos infantis vivida com uma sensação de atualidade acentuada. A transferência é classicamente reconhecida como o terreno em que se joga a problemática de um tratamento psicanalítico, pois sua instalação, suas modalidades, sua interpretação e sua resolução é o que a caracterizam (cf. Laplanche e Pontalis, 1988, p. 668).
2. Presença simultânea, na relação com o mesmo objeto, de tendências, de atitudes e de sentimentos opostos, por excelência, o amor e o ódio. Freud tomou o termo *ambivalência* de Bleuler, que o criou. Bleuler considera a ambivalência em três domínios: (a) voluntário: o indivíduo quer, ao mesmo tempo, comer e não comer, por exemplo; (b) intelectual: o indivíduo enuncia

simultaneamente uma proposição e seu contrário; (c) afetivo: ama e odeia, em um só movimento, a mesma pessoa (Laplanche e Pontalis, 1988, p. 49).
3. Termo introduzido, em 1950, no contexto da psicologia do ego para diferenciar o eu *como instância psíquica* (ego) do eu *como pessoa*; a noção de *self* (si mesmo) foi utilizada depois para designar uma instância da personalidade no sentido narcísico: uma representação de si, por si mesmo, um auto-investimento libidinal. Essa noção foi retomada, em 1960, por Winnicott como um complemento fenomenológico da pessoa ou do ser, isto é, uma instância da personalidade constituída posteriormente ao *eu*, em uma relação com a mãe e em uma relação com o semelhante. O *self* serviu então para delimitar a dimensão narcísica do sujeito, estivesse ela sadia ou destruída e fosse o *self* verdadeiro ou falso (cf. Roudinesco e Plon, 1998).

5 O SINTOMA ESCOLAR EM SUA SINGULARIDADE: A PRÁTICA INTERROGANDO A TEORIA

> Psicoterapia não é fazer interpretações argutas e apropriadas; em geral, trata-se de devolver ao paciente, a longo prazo, aquilo que o paciente traz. É um derivado complexo do rosto que reflete o que há para ser visto. Essa é a forma pela qual me apraz pensar em meu trabalho, tendo em mente que, se o fizer suficientemente bem, o paciente descobrirá seu próprio eu (*self*) e será capaz de existir e sentir-se real. (Winnicott, 1975)

INTRODUÇÃO

Uma das grandes preocupações ao escrever este livro foi apresentar de forma criteriosa os desenvolvimentos teóricos da área, mas não como abstração, não como teoria projetada sobre o mundo, e sim como fruto de uma vivência.[1] Para concretizar esse interesse, apoiamo-nos no conceito de "transgressão metodológica" de Santos (1999, p. 48). Segundo esse autor, o conhecimento pós-moderno é um conhecimento sobre as condições de possibilidade.

Apresentamos neste capítulo os casos de duas crianças que, com suas histórias, levaram-nos a questionar nossas certezas, a interrogar nossa prática e, finalmente, a relativizar as teorias. São crianças cujos pais nos procuraram, assim como tantos outros, com uma queixa: dificuldade de aprendizagem escolar de seus filhos. O problema escolar, no entanto, inscrevia-se como um sintoma que carregava algo da verdade dessas crianças. O sintoma escolar, em sua configuração particular, expressa a forma pela qual as experiências vivenciais vão organizando-se para formar a personalidade.

Assim, a apresentação dos casos segue o caminho em que o dar-se conta é uma constante e diferentes aproximações teóricas vão iluminando-os, ao mesmo tempo em que eles iluminam a teoria.

CASO G.: UM SINTOMA ESCOLAR QUE REVELA FALHA NA PROVISÃO AMBIENTAL

G., de sete anos de idade, chegou a nosso consultório com profundo atraso no desenvolvimento em geral. Hoje, encontra-se na 3ª série do ensino fundamental, com excelente rendimento escolar. Dizem na escola que G. é um garoto generoso e muito esperto. Relaciona-se muito bem com a professora e tem vários amigos.

Recentemente, G. disse-me:

– Quando eu crescer vou ser médico, e quando você estiver bem velhinha e ficar doente, eu vou cuidar de você.

Essa frase resume de forma incomum o processo de aprendizado vivido na relação terapêutica: da criança que mal podia falar até o "ser" construtivo e amoroso que pode planejar o "fazer" futuro de forma emocional e inteligente. Winnicott (2000, p. 246) nos diz:

Se o indivíduo não tiver a oportunidade de tão-somente "ser", seu futuro não pode se mostrar mais promissor em termos de qualidade emocional de vida...
No entanto, a habilidade de "fazer" é baseada na capacidade de ser.

Foi justamente enquanto G. aprendia a falar, a andar, a brincar, a escrever, a contar e tantas outras coisas que aprendi a grande lição da experiência analítica: acreditar.

Apresento a seguir dados de anamnese e recortes de sessões realizadas ao longo de quatro anos, procurando traduzir a experiência emocional vivida ao longo do processo.

Dados iniciais

Nome: G.
Idade: 6 anos e 11 meses
Escolaridade: Jardim da infância
Filiação: pai – J., 43 anos, comerciante
          mãe – S., 46 anos, comerciante
Data da avaliação: setembro de 1996

G. chegou ao consultório com a queixa da escola de "dificuldades de aprendizagem".

Cursava o pré em um colégio particular. Era seu primeiro ano escolar. Disse a professora:

– G. não discrimina nem as vogais. A gente ensina uma coisa agora e daqui a pouco ele já não sabe mais nada. Todos os meus alunos já estão alfabetizados, e

G. não sabe nem pintar. Nunca vi criança com tanta dificuldade. Acho que ele tem uma deficiência mental. Só pode ser isso. Ele não sabe nem falar. A mãe não diz, mas ele deve ter nascido com algum problema sério. Acho que ele não tem condições de ficar nessa escola. As crianças riem muito dele. Falam que é bobinho. Eu não sei o que fazer.

Dados familiares

Os pais informaram que G. era o terceiro filho; o mais velho, do sexo masculino, tinha 15 anos e morava no Japão com os avós maternos desde os cinco anos de idade; o segundo filho era do sexo feminino e estava com 12 anos; antes de G., ainda tinham tido outro menino, que falecera um mês após o nascimento. Disse a mãe:

– Eu acho que todos os problemas de G. são conseqüência da morte desse menino, porque fiquei sabendo que estava grávida de G. logo após a morte do meu filho e eu não podia aceitar a idéia de ter um outro bebê. Já não tinha aceitado a gravidez do que morreu. Na ocasião, meu marido estava desempregado e estávamos passando muita dificuldade financeira. Eu mantinha a casa, fazendo salgadinhos para vender. Quando meu filho nasceu, eu não tinha nem tempo de amamentar, pois passava o dia inteiro na cozinha, fazendo salgadinho. Um dia, enquanto tomava mamadeira no berço, engasgou e morreu. Ele estava com um mês. Eu tinha posto a mamadeira na boca dele, apoiada no travesseiro, e fui terminar de enrolar salgadinhos. Foi minha filha que viu. Ela veio me chamar e, como eu estava com a mão cheia de massa, demorei para ir até o berço. Quando cheguei lá, ele já estava roxinho. Minha filha C. de cinco anos viu tudo. Acho que por isso ela é tão revoltada e nunca aceitou o G. Parece que ela tem raiva dele. Nem olha na cara dele. Acho que eu também não aceitei e por isso ele tem todos esses problemas.

Quando questionada sobre os problemas de G., a mãe respondeu:

– Até os cinco anos, ele praticamente não falava e nem andava direito. Ele vivia no chiqueirinho, do meu lado, na cozinha. Quando chorava, eu dava a mamadeira e ele tomava sozinho. Eu enchia o chiqueirinho de brinquedos para ele se distrair. Nem percebi que o tempo estava passando e ele já devia andar, falar e brincar como as outras crianças da idade dele. Um dia, quando G. estava fazendo seis anos, minha cunhada esteve em casa e me falou se eu não percebia que o G. não era normal. Ela foi superdura comigo, não esqueço até hoje, e só aí eu percebi que havia algo de errado. Depois disso, levei G. ao pediatra e ele me mandou procurar um foniatra. Me indicou o melhor de São Paulo. Ele é professor da Santa Casa. Paguei uma fortuna, mas foi ele quem salvou G. Quando ele viu o estado do menino, brigou muito comigo. Disse que era um crime o que eu estava fazendo e que, se eu quisesse salvar meu filho, deveria fazer exatamente o que ele mandasse. Foi o que eu fiz. Até hoje, eu faço tudo o que ele manda. Foi ele quem me mandou pôr meu filho na escola e procurar a senhora. Por isso eu vou fazer tudo o que a senhora mandar. Eu quero salvar meu filho. Já perdi um e agora sei que não quero perder o outro. Até eu ir ao Dr. M. (foniatra), que me fez acordar com a bronca que me deu, eu não tinha noção do que estava fazendo.

Durante toda a entrevista, o pai permaneceu calado, e a mãe falava sem parar.

Depois de realizadas duas entrevistas de anamnese, constatamos que os pais tinham muito pouco a falar sobre a história de desenvolvimento de G. Era como se, para o casal, aquele filho tivesse começado a existir a partir da consulta com o foniatra.

Nas entrevistas iniciais com G., verificamos um grande atraso na linguagem e no desenvolvimento psicomotor e intelectual. Temos por critério, ao fazer um diagnóstico, sempre solicitar exames médicos. Nossa providência inicial foi solicitar avaliações médicas, a fim de verificarmos a possibilidade de algum comprometimento neurológico. Como G. já havia sido avaliado por um pediatra e um foniatra (conforme pude observar no relato da mãe), esses profissionais já haviam solicitado exames clínicos, como eletroencefalograma, tomografia e exames laboratoriais; dessa maneira, fomos informadas da inexistência de qualquer alteração orgânica que pudesse justificar o quadro. Ambos os médicos atribuíram o precário estado de desenvolvimento de G. à "falta de cuidados e estímulo ambiental".

Reflexões iniciais

A história de G. constituiu-se em valioso material de estudo: possibilitou-nos verificar na clínica os limites da teoria, bem como estabelecer a direção deste trabalho.

As condições ambientais em que se deu o desenvolvimento dessa criança, os profundos prejuízos nas áreas de linguagem, de motricidade e de cognição apresentados por ela e, principalmente, os resultados obtidos após três anos de intervenção psicopedagógica, fizeram desse caso uma experiência muito especial para nossa prática profissional.

Iniciamos nosso trabalho com G. fundamentados na psicologia genética. Procuramos inicialmente avaliar a qualidade das funções cognitivas com base no método clínico de Piaget. Os resultados dessas avaliações estavam em profundo acordo com os pressupostos da teoria. Para Piaget, o meio, como conjunto de influências e estímulos ambientais, constitui-se em fator de suma importância no processo de desenvolvimento das estruturas mentais e, embora a carga genética estabeleça o potencial do indivíduo, essas estruturas podem ou não se desenvolver, dependendo das condições que o meio oferece. Ainda de acordo com Piaget, a maturação neurofisiológica consiste em um importante elemento, ou seja, existe um equipamento neurofisiológico de base, cujo processo de evolução da maturação desse equipamento é fortemente determinado por fatores biológicos. Isso quer dizer que a própria estrutura do sistema nervoso central, o equipamento genético que a determina e os acasos de sua embriogênese são fatores a serem considerados mas intervém também o processo de maturação individual. Portanto, algumas aquisições cognitivas são possíveis, porque correspondem a fases genéticas de particular sensibilidade. Passada essa fase privilegiada, a aquisição torna-se impossível ou desnaturada.

No caso em estudo, pareceu-nos evidente que o meio restrito à imagem de uma mãe que se movimentava na cozinha sem interagir com a criança, por um período de mais de cinco anos, justificava o quadro de G. que, aos seis anos e onze meses, apresentava uma fala quase incompreensível, sérias dificuldades motoras e um pensamento característico do período sensório-motor.

Nos primeiros momentos da vida, a criança só procura contatos externos, quando uma necessidade interna a solicita; caso contrário, mantém-se em um relativo estado de isolamento, em que predominam as chamadas experiências interiores. Em decorrência disso, podemos dizer que, na situação inicial do desenvolvimento, a questão do meio resume-se praticamente ao relacionamento do bebê com aquele que o provê, material e afetivamente, em suas necessidades. Logo, no caso em questão, a presença do pai e da irmã não constituiu o meio significativo necessário ao desenvolvimento do bebê, visto que tal meio corresponde ao que se passa em termos de vivências afetivas nas situações concretas de suporte material objetivo e, de acordo com o relato da mãe, pai e irmã não vivenciaram os cuidados de G.

Assim, para G., ainda que precariamente, o meio inicial resumiu-se à pessoa da mãe e, portanto, a teoria em questão justificava o observado no processo de avaliação inicial. Contudo, não esclarecia como, passado o período biológico de maior sensibilidade, o organismo retoma o processo de desenvolvimento normal, e funções que precariamente foram ativadas são postas em ação, superando um limitante biológico.

Diante dessa questão, ainda norteados por pressupostos da psicologia genética, fomos buscar em Luria e Vygotsky, em estudos sobre mediação no desenvolvimento dos processos psicológicos complexos, o elemento que tornou possível o inesperado. Mais uma vez, porém, a teoria explicava os prejuízos, mas não esclarecia os recursos internos apresentados por G. a cada dia.

Nosso primeiro "olhar", iluminado pela psicologia genética, decorreu da grande preocupação que nos causou o precário desenvolvimento de G. Pareceu-nos, naquele momento, que era de extrema urgência afiançar recursos cognitivos mínimos que lhe garantissem a comunicação. No entanto, aprendemos com G. que, embora, inicialmente, nossa relação fosse mediada por situações lúdicas com o objetivo de desenvolver aspectos cognitivos, seu verdadeiro sentido consistiu na qualidade da experiência emocional vivida.

Para compreender o sentido do vivido, recorremos à psicanálise. Os artigos de Freud, "Projeto para uma psicologia científica" (1895) e "Formulações sobre os dois princípios do funcionamento mental" (1911), e os trabalhos de Winnicott, "O ambiente e os processos de maturação" (1990), "O brincar e a realidade" (1975) e "Da pediatria à psicanálise", possibilitaram-nos construir nossas hipóteses sobre o que se passou com G.

Recorrendo à psicanálise freudiana: dois princípios do funcionamento mental

Lendo Freud

Para compreender como o funcionamento biológico, na relação com o meio, introduz modificações no mundo interno (mental) e vai formando-se o psiquismo, recorremos à psicanálise. Freud, em 1895, elaborou uma teoria sobre o aparelho psíquico, apresentando-a em seu artigo "Projeto para uma psicologia científica" (1980, v. 1). A respeito da formação do psiquismo, diz que, em virtude do princípio da inércia, qualquer estímulo exógeno ou endógeno tende a ser descarregado; "desde o início, o sistema nervoso teve duas funções: a recepção do estímulo vindo de fora e a descarga de excitações de origem endógena". Ainda no mesmo artigo, Freud afirma que a forma primitiva de descarga é o arco reflexo, que, por meio da via motora, produz a descarga. "O movimento reflexo torna-se compreensível agora como forma estabelecida de efetuar essa descarga: a origem da ação fornece o motivo para o movimento reflexo. Assim, estímulo gera movimento. Quando, porém, não cessa o estímulo, como, por exemplo, no caso da fome, não se produz a necessária redução da tensão, pois essa depende de uma alteração no mundo externo." Para Freud, o psiquismo aparece como defesa, já que a descarga motora resultante do ato reflexo é insuficiente para descarregar a quantidade de energia produzida no sistema nervoso central pelos estímulos internos ou externos. Aliás, vimos neste capítulo que, para o "pai da psicanálise", a origem do psiquismo como defesa está na filogênese.

Assim, pode-se dizer que o psiquismo caracteriza-se como transformação de quantidade (de energia) em qualidade (prazer ou desprazer). Lembramo-nos de que Freud nomeou as sensações de qualidade.

Posteriormente, em 1911, Freud (1980, v. 12, p. 279) escreve "Formulações sobre os dois princípios do funcionamento mental" e mostra como as competências do ego, responsáveis pela relação com o mundo externo, são conseqüências de uma sucessão de adaptações necessárias em nosso aparelho psíquico diante das exigências peremptórias das necessidades internas. Nesse artigo, formula pensamentos prenunciados no "Projeto" (1895) sobre como o princípio do prazer leva-nos a considerar a realidade externa e a empenhar-nos "por efetuar nela uma alteração real":

> A criança de peito começaria por tentar encontrar, em uma modalidade alucinatória, uma possibilidade de descarregar de forma imediata a tensão pulsional, só que a carência persistente da satisfação esperada, a decepção, acarretaram o abandono desta tentativa de satisfação por meio da alucinação. No seu lugar, o aparelho psíquico teve de decidir-se a representar as condições reais do mundo exterior e a procurar nelas uma modificação real. (Laplanche e Pontalis, 1988, p. 471)

A leitura dos artigos mencionados, aliada a nossa experiência com bebês, levou-nos à síntese que apresentamos a seguir. Evidentemente, não existe nenhuma originalidade nessas idéias. Mencionamos nossa experiência apenas no sentido de justificar a base concreta de nossa leitura do texto freudiano.

Se, por exemplo, o aumento de tensão se deve ao desprazer causado pela fome e o bebê é alimentado, esse desprazer transforma-se em prazer. A sucção é a ação que faz desaparecer o desprazer. Essas experiências ficam registradas no psiquismo como impressão mnêmica. Estrutura-se uma cadeia: a fome gera o choro (linguagem), que traz o objeto (percepção), o objeto desencadeia a *sucção* (ação), que traz a satisfação e desperta *afeto*. O movimento da cabeça presente na sucção dá origem à *motricidade*.

O estímulo doloroso gerado pela fome transforma a energia em amor e em memória. O objeto que produziu satisfação é registrado na memória como objeto desejado, e o estímulo doloroso, como objeto hostil. A evocação do objeto desejado instala o estado de desejo no bebê e leva-o a ter alucinações sobre a presença de tal objeto. Quando a alucinação causa dor por não produzir a satisfação esperada, o aumento de estímulo (doloroso) e a ausência de satisfação introduzem um novo modo de funcionar ao aparelho psíquico e põe em movimento outra defesa, que é a busca da identidade de percepção, ou seja, a coincidência entre a imagem desejada e a percebida. A esse respeito, Freud, em 1911 (1980, v. 12, p. 279-280), diz:

> Foi apenas a ausência da satisfação esperada, o desapontamento experimental, que levou o abandono desta tentativa de satisfação por meio de alucinação. Em vez disso, o aparelho psíquico teve de decidir formar uma concepção das circunstâncias reais no mundo externo por efetuar nela uma alteração real. Um novo princípio de funcionamento mental foi assim introduzido: o que se apresentava na mente não era mais o agradável, mas o real, mesmo que acontecesse ser desagradável. Este estabelecimento do princípio da realidade provou ser um passo momentoso.

A crescente importância da realidade externa leva o aparelho psíquico a uma série de adaptações, aumentando cada vez mais a importância dos órgãos sensoriais. O psiquismo passa a pesquisar a realidade externa, tornando-a conhecida; assim, surge a *atenção*. Os resultados dessa atividade periódica ficam gravados na consciência, dando origem a outra função, a *memória*. A descarga motora que, sob o predomínio do princípio do prazer, serviu como forma de aliviar o aparelho mental de estímulos desprazerosos dá origem à ação, que passa a ser empregada na alteração apropriada da realidade. A cessação da descarga motora (ação) é proporcionada pelo processo do pensamento. O *pensamento* é dotado de características que tornam possível ao aparelho mental tolerar um aumento da tensão, pois o princípio da realidade, pelo teste de realidade, possibilita a *satisfação*. Uma parte do pensamento fica liberada do teste de realidade e subordinada apenas ao princípio do prazer, dando origem à *fantasia*.

A qualidade das experiências de satisfação, assim como sua regularidade, facilitam o trabalho de reconhecimento no mundo externo, desenvolvendo a atenção e o registro dessa atividade – a memória. A descarga motora mostra-se eficiente na alteração da realidade (ação), o choro (descarga motora), que em princípio é um reflexo, torna-se um elemento de comunicação (linguagem), e as repetidas experiências de satisfação (teste de realidade) que sucedem os estímulos dolorosos possibilitam adiar a satisfação (pensamento), fazendo cessar a ação.

Ocorre ainda a necessidade de conhecimento do objeto que produz satisfação. Essas necessidades são geradas pela imagem do objeto desejado que leva o bebê a ações a fim de tocá-lo, aproximar-se dele, ou, ainda, enxergá-lo, virando a cabeça.

A exploração do objeto que produz satisfação – objeto externo gratificante – dá origem ao *conhecimento*.

Pode-se dizer que o pensamento, em sua origem, é um jogo entre o que está inscrito e o que se vai descobrir, ou seja, o sujeito busca reencontrar algo conhecido (reviver a experiência de satisfação), e a realidade impõe-lhe o novo.

Os objetos a serem reencontrados, todavia, não são estritamente os objetos da necessidade biológica. Como as mesmas quantidades de leite oferecidas a organismos semelhantes produzem resultados diferentes, o que marca a qualidade do objeto a ser reencontrado é precisamente o que acompanha o leite: afetos que são transformados em odores, temperaturas, forma de contato. Logo, o que fica inscrito não é o biológico, mas as experiências de satisfação. Em outros termos, conhecer significa dissociar o objeto, que é a estrutura constante, em objetos e predicados. Os predicados, ou seja, as características dos objetos, são compreendidos e arquivados pela memória.

De posse dessas idéias, voltemos ao caso G., que suscitou inúmeras questões.

Voltando a G.

A mãe de G., nas muitas vezes em que esteve em nosso consultório, repetia que, três dias após o nascimento de G., reiniciou seu trabalho; que o mantinha a seu lado na cozinha, no "chiqueirinho", enquanto preparava salgadinhos que eram vendidos pelo marido; que não tinha tempo de cuidar, trocar e alimentar; que muitas vezes o filho chorava de fome e que, como estava com a "mão na massa", não podia parar para alimentá-lo, até que terminasse de "enrolar os salgadinhos"; que várias vezes G. acabava dormindo de tanto chorar, sem que ela o tivesse alimentado; "o chiqueirinho" tinha sido o mundo de G. até quase cinco anos.

Pelos relatos da mãe, fomos levados a supor que, por mais que esse bebê se empenhasse por efetuar uma alteração na realidade externa, não obtinha daí sua satisfação, e o próprio psiquismo propiciava uma forma de suportar a tensão.

Para Freud (1895), quando o estado de repouso psíquico é perturbado, o princípio do prazer esforça-se para alcançar o alívio de nossas tensões, promovendo de maneira alucinatória o estado desejado. No entanto, esse estado no qual o bebê provavelmente alucina a realização de suas necessidades internas é logo rompido pela ausência de satisfação esperada e pelo desapontamento experimentado, levando ao abandono dessa tentativa de satisfação por meio de alucinação. Havendo, então, um aumento de estímulo (Reiz) e uma ausência de satisfação, ocorre novamente a descarga motora de gritar e debater-se com os braços e pernas.

Freud, em 1895 (1980, v. 12, p. 280), descreve o que sucede nesse circuito:

> Nova função foi então atribuída à descarga motora, que, sob o predomínio do princípio do prazer, servia como meio de aliviar o aparelho mental de adições de estímulos, e que realizava esta tarefa ao enviar inervações para o interior do corpo (conduzindo a movimentos expressivos, mímica facial e manifestações de afeto). A descarga motora foi agora empregada na alteração apropriada da realidade; foi transformada em *ação*.

A mãe relatou-nos que na maioria das vezes G. chorava por muito tempo, até que ela pudesse atendê-lo. Diz:

> – Sabe, trabalho com alimento e sou muito limpa para cozinhar. Não podia parar de enrolar salgadinho para trocar fralda suja de cocô e depois voltar a enrolar salgadinho. A senhora entende? Então, G. tinha que esperar. Às vezes dormia chorando e, quando eu terminava de cozinhar e ia acordá-lo para dar mamadeira e trocar, via que estava todo sujo. Coitado, ele sofreu, mas não tinha outro jeito.

No artigo citado, Freud (1980, v. 12, p. 279-280) afirma que

> (...) a significação crescente da realidade externa elevou também a importância dos órgãos sensoriais, que se achavam dirigidos para esse mundo externo, e da *consciência* a eles ligada. A consciência aprendeu então a abranger qualidades sensórias, em acréscimo às qualidades de prazer e desprazer que até então lhe havia exclusivamente interessado. Instituiu-se uma função especial, que tinha periodicamente de pesquisar o mundo externo, a fim de que seus dados já pudessem ser conhecidos, se uma urgente necessidade interna surgisse: a função da *atenção*.

Em decorrência do estabelecimento da função da atenção, os resultados dessa atividade periódica da consciência passam a ser registrados por meio de um sistema de notação que vai constituir a *memória*.

Essa ficção lógica proposta por Freud, no desenvolvimento de sua teoria sobre os princípios do funcionamento mental, aplicada à existência de G., levou-nos a perguntar: Qual a solução encontrada pelo psiquismo dessa criança para suportar a pressão resultante da impossibilidade de descarga? Qual a base oferecida pelo meio na constituição da função da atenção, já que o mundo externo não se alterava em função de suas necessidades? Qual a natureza das notações que iriam formar a memória?

Além disso, como o choro poderia constituir-se em linguagem, já que não se concretizou o circuito choro-cuidado materno-conforto, estimulando a constituição e o desenvolvimento dessa função tão imprescindível em nossa espécie, haja vista que uma área bastante prejudicada nesse caso foi a linguagem? Aos quase sete anos, G. praticamente não falava, emitia sons incompreensíveis.

Supondo um bebê cujo corpo é tomado por pulsões (necessidade) e que essas pulsões ficam girando em falso, já que não atingem sua finalidade por impedimento externo, impressionou-nos a forma como o psiquismo de G. permaneceu preservado, ainda que em estado de primitivo desenvolvimento das funções do ego. Essa afirmação deve-se aos resultados obtidos ao longo do percurso terapêutico, e não ao estado da criança por ocasião do início do atendimento, que, conforme dissemos, revelava profundo atraso nas aquisições básicas: linguagem, marcha, cognição.

Vamos valer-nos do exemplo citado por Hanns, no livro *A teoria pulsional na clínica de Freud* (1999, p. 51), sobre o percurso da pulsão, para melhor explicar a afirmação apresentada:

> Os estímulos gerados pela pulsão de alimentação inicialmente percebidos como "apetite" transformam-se em "fome". O acúmulo é percebido como um tipo de pressão (Drang), isto é, provoca uma necessidade/urgência do sujeito livrar-se do excesso, procurando a descarga (Abfuhr) dos estímulos e a conseqüente satisfação. A ação que leva à descarga será guiada por imagens e afetos que representam e qualificam o objeto de satisfação desejado e o percurso para atingi-lo.

Inquietou-nos sobremaneira as primeiras observações acerca do desenvolvimento de G., bem como os relatos da mãe sobre a precariedade dos cuidados dispensados ao filho desde o nascimento, de forma que, após os estudos dos mencionados textos freudianos, passamos a ocupar-nos da possibilidade de configurar-se nesse caso uma psicopatologia,[2] entendendo-se aqui psicopatologia como um funcionamento mental prejudicado em virtude de transtornos na evolução do ego (Roudinesco e Plon, 1998, p. 617).

Retomamos suas circunstâncias de vida, incluindo o sentido de sua existência para a mãe, e levantamos a hipótese de estarmos diante de uma criança cuja estrutura de personalidade estaria organizada de acordo com uma linhagem "psicótica".

Partimos da psicopatologia psicanalítica, que considera a linhagem psicótica como resultado do elevado nível das frustrações muito precoces, originando-se essencialmente do pólo materno, pelo menos no que concerne às frustrações mais primitivas (Bergeret, 1998, p. 213).

Por outro lado, vários estudos psiquiátricos a respeito da etiologia das psicoses tratam de uma psicogenética centrada no papel dos pais. Todas essas teorias criaram a expectativa de que só poderíamos estar diante das formas clínicas da psicose.

No entanto, logo abandonamos essa hipótese e, conforme íamos avançando no tratamento, constituíam-se aspectos do ego, apontados por Winnicott (cf. 1990, p. 55-61) como recursos para um desenvolvimento saudável: integração, personalização e relação de objeto. O intrigante é que o autor relaciona esses três aspectos com o cuidado destinado ao bebê. É importante reforçar que tais comportamentos foram apresentando-se à medida que avançávamos no processo terapêutico e que os primeiros contatos com G. não nos asseguraram essa condição, pois, como já dissemos, G. apresentava problemas na fala, na marcha, no contato, etc.

Um bebê, do ponto de vista do desenvolvimento, privado das condições essenciais para a constituição de um aparelho mental íntegro, chegou a nosso consultório com grandes prejuízos no desenvolvimento. Após três anos de intervenção, apresentava-se como uma criança sadia.

Soifer (1989, p. 22-23), ao analisar a incidência da família na enfermidade da criança, destaca que, para fins do cumprimento de suas tarefas, "a família deve ser capaz de conter essa parte imatura da personalidade, o infantil, representado palpavelmente pelos filhos, e que se acha vigente no inconsciente dos progenitores. Lembremos de que as características do infantil são: narcisismo, pulsões incestuosas, hostilidade, auto-erotismo e tendência à simbiose. Esta última se vê favorecida pela intensa e prolongada dependência que a criatura humana estabelece com os adultos em sua luta pela sobrevivência".

Assim, também nos perguntávamos a respeito da natureza inconsciente da relação vivida por G. com sua mãe, a fim de compreender o que essa criança esperava e, principalmente, o que necessitava de nós.

Soifer (1989, p. 23), mediante sua prática clínica, apresenta uma abordagem da enfermidade da criança, que contempla a questão das pulsões de vida e de morte:

> Ao falar de luta pela sobrevivência, estamos utilizando um esquema que procura integrar os conhecimentos acerca do processo biológico de maturação com o nível psicológico e utiliza, para tanto, a fusão e a defusão dos instintos de vida e de morte. Por conseguinte, essa luta será frutífera ou não, conforme se der ou não essa fusão em grau adequado com o amplo predomínio do instinto de vida ou, pelo contrário, predominar a defusão.

Ao contrário do que ocorreu com o irmão, o predomínio do princípio de vida possibilitou que G. pudesse chegar até ali, muito embora sem adquirir as habilidades esperadas para uma criança de sua faixa etária, com prejuízos no estabelecimento de várias funções do ego.

Assim, fomos buscar na teoria das pulsões o fundamento que nos possibilitasse compreender o movimento de G. no sentido da vida, e não de retorno ao estado anorgânico. Freud, em 1920, em "Além do princípio do prazer" (1980, v. 18), introduz a oposição entre pulsões de morte e pulsões de vida. Nesse artigo, mostra como as pulsões de vida tenderiam não apenas a conservar as unidades vitais existentes, como também, apoiado nestas, constituir unidades mais englobantes; há, mesmo no nível celular, uma tendência que procura provocar e manter a coesão entre as partes da substância viva. Essa tendência procuraria manter no organismo individual sua unidade e sua existência (pulsão de autoconservação).

Não satisfeitos com as formulações teóricas às quais havíamos recorrido até aqui, visto que não possibilitavam uma leitura pessoal e criativa do fenômeno que a nós se apresentava e, menos ainda, do vivido na clínica, resolvemos mudar de rumo: deixamos o paradigma pulsional e adotamos o paradigma relacional.

Buscando outro caminho

Nesse novo caminho, resolvemos ocupar-nos mais do clima emocional da sessão que das abstrações teóricas. Fomos, então, buscar em Winnicott (1982, p. 206) subsídios para pensarmos as bases do desenvolvimento emocional. Ao dar ênfase à relação, esse autor separa os processos relacionais e as pulsões:

> Há um relacionamento entre o bebê e a mãe. (...) não é uma derivação de experiência instintiva nem de relacionamento objetal surgindo de experiência instintiva. Precede a experiência instintiva, como também ocorre simultaneamente a ela e mistura-se com ela.

Na clássica teoria pulsional, a capacidade de viver a vida está enraizada na possibilidade de satisfação pulsional e sublimação. Winnicott enfatiza a prioridade dos processos relacionais que levam à emergência do *self*. Assim, passamos a pensar o caso G. à luz de Winnicott, visto que os aspectos de sua vida relacional apresentavam-se para nós como questão fundamental em sua história.

Para compartilhar a experiência vivenciada, começaremos por relatar nossos sentimentos em relação a G., uma vez que determinaram os rumos que fomos imprimindo ao desenvolvimento teórico e ao processo terapêutico.

Nas primeiras sessões, o grau de dificuldade demonstrado por G. em áreas como linguagem, psicomotricidade e desenvolvimento cognitivo causaram-nos profundo desânimo, embora já esperássemos uma criança com muitas dificuldades. Como mencionamos, as condições em que se deu o desenvolvimento de G. foram muito adversas e contávamos com a possibilidade de uma estrutura psicótica. Era como se a expectativa de obter a recompensa narcísica, resultante do sucesso de G. ao longo do processo terapêutico, já estivesse frustrada *a priori*, estabelecendo uma rejeição que, pensada a partir de contratransferência,[3] cumpriria a fantasia inconsciente vivida por G. em nossa relação. Mais tarde, confirmamos uma hipótese que nos surgiu no momento da tomada de consciência sobre o que se passava conosco na vivência transferencial.[4] G. não podia investir em nossa relação, pois não lhe havíamos fornecido o suporte afetivo necessário, ou seja, não nos havíamos colocado no lugar de mãe suficientemente boa, aquela descrita por Winnicott (1990, p. 56) como "capaz de satisfazer as necessidades do nenê no início, e satisfazê-las tão bem que a criança, na sua saída da matriz do relacionamento mãe-filho, é capaz de ter uma breve experiência de onipotência".

Não tendo operado inicialmente na função de ego auxiliar (mãe suficientemente boa), e não dispondo G. de registros mnêumicos de vivências de cuidados maternos suficientemente bons no estágio precoce (antes de ter distinguido o "eu" do "não-eu"), ele não poderia viver uma relação de confiança.

Com base nessa tomada de consciência, retomei o processo, buscando propiciar as condições para o estabelecimento do vínculo de confiança que suportaria todas as dificuldades que compartilharíamos ao longo do nosso trabalho.

Com apoio em Winnicott (1975, p. 149), buscamos propiciar a G. o que o autor chama de "espaço potencial":

> Refiro-me à área hipotética que existe (mas pode não existir) entre o bebê e o objeto (mãe ou parte desta), durante a fase do repúdio do objeto como não-eu, isto é, ao final da fase de estar fundido ao objeto.

No "espaço potencial", estão presentes o brincar criativo e a experiência cultural. Sua existência depende do que Winnicott chama de "experiências de viver". De acordo com o tipo de experiências que o bebê vivencie nessa fase, o espaço potencial existirá ou não, isto é, terá ou não significação. Nesse espaço, deve existir um sentimento de confiança na fidedignidade da mãe, para permitir a separação do eu e do não-eu.

Diz Winnicott (1975. p. 150) que "onde há confiança e fidedignidade, há também um espaço potencial, o espaço que pode tornar-se uma área infinita de separação, e o bebê, a criança, o adolescente e o adulto podem preenchê-lo criativamente com o brincar, que, com o tempo, se transforma na fruição da herança cultural".

Winnicott desenvolve o conceito de fenômeno transicional que diz respeito a uma dimensão do viver que não depende nem da realidade interna, nem da realidade externa; mais propriamente, é o espaço em que ambas as realidades encontram-se e separam o interior do exterior. Winnicott emprega diferentes termos para referir-se a essa dimensão terceira, área intermediária, espaço potencial, local de repouso e localização de experiência cultural.

Em termos de desenvolvimento, os fenômenos transicionais existem desde o início, mesmo antes do nascimento, em relação à díade mãe-bebê. É aqui que está localizada a cultura, o ser e a criatividade. Winnicott compara o que se passa na relação mãe-bebê, durante esse período, ao que ocorre na psicoterapia. Diz que, da mesma forma que o bebê vive com a mãe um estado fusional, e aos poucos se separa para obter autonomia, o paciente, depois de ter experimentado a confiança, vai separar-se pouco a pouco do terapeuta e adquirir autonomia.

A perspectiva winnicottiana possibilitou um "novo olhar". Passei a ver G. como um bebê de sete anos que necessitava de uma "mãe suficientemente boa", que lhe permitisse a constituição do "espaço potencial".

Embora já tivessem ocorrido várias sessões, nossos encontros começaram de fato a partir da sessão que relato a seguir:

> Perguntei a G. se sabia por que estávamos ali e o que iríamos fazer.
>
> G. indicou com a cabeça que não sabia. Disse-lhe que iríamos conversar, jogar, brincar, para que eu pudesse saber tudo o que ele havia aprendido e também para ensinar-lhe coisas novas.
>
> Perguntei o que achava da idéia, e G. fez um gesto com a cabeça, que me pareceu que sinalizava um sim.
>
> Sugeri que escolhesse um jogo ou uma brincadeira. Abri o armário que continha vários jogos e brinquedos e G. sorriu. Parecia espantado e feliz ao ver tantos brinquedos. G. já havia visto aqueles brinquedos antes, mas era como se fosse a primeira vez.
>
> Disse-lhe que podia escolher o que quisesse. G. permaneceu parado em frente ao armário, olhando para os jogos. Era um olhar contemplativo que imaginei tivesse feito parte da vida de G. Escrevo e imagino-o no cercadinho (chiqueirinho), horas a fio. Faço um parêntese para contar que, relendo esta parte do trabalho, questionei-me sobre essa representação, o que me fez voltar às anotações e confirmar essa cena que ficou em minha imaginação. Insisti que poderia pegar o que quisesses. Ele apontou o jogo Ludo. Perguntei-lhe qual jogo havia apontado, com o objetivo de observar sua fala, pois até aquele momento só havia gesticulado. Eu já havia sido informada pela mãe das dificuldades de fala da criança. Insisti na pergunta e G. respondeu: "Ete qui", em um som muito grosso, quase como um grunhido.
>
> Imaginei que contemplasse o jogo desejado, assim como, enquanto bebê, viveu contemplando a distância aquela que possuía o objeto de satisfação de suas necessidades – a mãe.

Winnicott (1990, p. 164), analisando a questão de "comunicação e a falta de comunicação", afirma que elas estão intimamente vinculadas às relações objetais e que "o desenvolvimento de uma capacidade para se relacionar com os objetos de forma alguma é um ponto simples no processo de

maturação. Como sempre, a maturação (em psicologia) requer e depende da qualidade do meio favorável. Onde não dominam a cena nem a privação, nem a perda, e onde, por isso, o meio facilitador pode ser tido como certo na teoria dos estágios formativos mais precoces do crescimento humano, gradativamente se desenvolve, no indivíduo, uma mudança na natureza do objeto. O objeto, sendo de início um fenômeno subjetivo, se torna um objeto percebido objetivamente. Esse processo leva tempo, e meses ou mesmo anos se devem passar antes que as privações e perdas possam ser absorvidas pelo indivíduo sem distorção dos processos essenciais que são básicos para as relações objetais".
Voltemos à sessão com G.:

> Disse-lhe que poderia pegar o jogo desejado. G. ficou olhando-me, como se não soubesse como fazê-lo. O jogo estava empilhado juntamente com outras caixas de jogos, sendo a última caixa da pilha. Estava em uma altura acima de G. e fiquei aguardando a solução que ele encontraria.
>
> G. olhou-me com um olhar *muito expressivo*, causando-me uma reação imediata para oferecer-lhe uma solução. Percebi que algo havia mudado em nossa relação e também que era dessa forma que G. se protegia de sua dificuldade de fala. Depois, pensei que "aquele jeitinho" de olhar o protegia de muito mais.
>
> Sabia da necessidade de assegurar o espaço de confiança e conter a ansiedade gerada pela sensação de impotência que, por muitas vezes, vi tomar conta de G. Sabia também que G. necessitava de uma mediação que possibilitasse o estabelecimento de recursos que lhe garantissem uma atuação mais autônoma diante da realidade.
>
> Consegui conter meu impulso de pegar a caixa do jogo e encontrei uma solução em meio às duas necessidades básicas de G.: continência e mediação. Puxei uma cadeira para que ele subisse e alcançasse o objeto desejado. G., segurando-se em mim, subiu na cadeira, com muita dificuldade. Precisei ajudá-lo, pois não conseguia dar um impulso para colocar os dois pés sobre a cadeira. Subiu, puxou a caixa com muito esforço, e imediatamente foi-me estendendo o braço para que eu o ajudasse a descer.

G. apresentava uma marcha bastante diferente. Arrastava os pés e movimentava o corpo em bloco, como um robozinho. Aliás, hoje, três anos depois, ainda apresenta um pouco desse movimento. Não levanta suficientemente os pés e joga os braços de forma descoordenada.
Winnicott (1990, p. 58) aponta:

> O desenvolvimento do ego é caracterizado por várias tendências:
>
> 1. A tendência principal no processo maturativo está contida nos vários significados da palavra integração. A integração no tempo se acrescenta ao que poderia ser denominado integração no espaço.
> 2. O ego baseia-se em um ego corporal, mas só quando tudo vai bem é que a pessoa do bebê começa a ser relacionada com o corpo e suas funções, com a pele como membrana limitante. Usei a palavra personalização para descre-

ver esse processo, já que o termo despersonalização parece no fundo significar a perda de uma união firme entre o ego e o corpo, inclusive impulsos de satisfações do id.

3. O ego inicia as relações objetais. Com cuidado materno suficientemente bom de início, o bebê não está sujeito a satisfações instintivas, a não ser quando há participação do ego. Neste aspecto, não é tanto uma questão de gratificar o bebê, como de lhe permitir descobrir e se adaptar por si mesmo ao objeto (seio, mamadeira, leite, etc.).

A princípio, aspectos apontados por Winnicott, como integração, personalização e relação de objeto, apresentavam-se bastante prejudicados. Nesse sentido, podemos dizer que G. não recebeu os cuidados que garantissem a integração, a personalização e o estabelecimento das relações objetais, de acordo com o esperado, porém encontrava-se em G. um potencial latente a ser mobilizado. O tratamento do autor permitiu-nos descobrir no percurso com G a capacidade de cura do meio analítico que pode "sustentar" a criança na confiabilidade, na atenção e na estabilidade promovidas no *setting* analítico em termos de um brincar mútuo entre o paciente e o analista.

Iniciamos o jogo, definindo as regras. Disse a G. que só poderíamos sair com os peões da casinha quando tirássemos 1 ou 6 no dadinho. Expliquei-lhe as demais regras e perguntei-lhe se já conhecia aquele jogo.

G. respondeu: "Minha mãe faz bolo de carne e o pai sai para vender e vem tarde. Que droga, não tem tempo para jogar!"

Nesse momento, pude perceber o quanto sua fala estava prejudicada. G. tinha muita dificuldade para articular as palavras e emitia um som estranho. Inicialmente, tive certa dificuldade para entender o que falava, mas entendia claramente todos os seus gestos.

Enquanto jogávamos, observei que G. tentava contar os pontinhos do dadinho para saber quanto havia tirado, mas se perdia na contagem. Apresentava uma disgnosia digital (dificuldade motora e de reconhecimento dos dedos, tornando a contagem com os dedos difícil, até impossível). Quando deslocava o peão, não sabia relacionar o número de casas com o número no dado. Se o dadinho caísse no 3, G. deslocava o peão até uma casa qualquer ou até que eu interferisse.

Outros aspectos observados foram: as regras precisavam ser retomadas a cada jogada; G. não sabia o que era *para frente* e *para trás*. Aliás, foi preciso muito trabalho corporal para que G. construísse as noções *em cima, embaixo, para frente, para trás, direita e esquerda,* etc.

Nessa sessão, depois de terminarmos o jogo (embora G. tivesse perdido, não demonstrou nenhuma contrariedade), solicitei que fizesse um desenho. Ofereci-lhe papel sulfite, lápis grafite e borracha. G. iniciou o desenho e ultrapassou os limites da folha, riscando a mesa por diversas vezes.

Teve muita dificuldade no traçado e não conseguiu concluir o desenho. Encerramos a sessão.

Na sessão seguinte, jogamos dominó de bichos e memória e G. apresentou as mesmas dificuldades.

Ao longo das sessões, G. foi-se tornando cooperativo e aprendeu a manifestar sua opinião, porém de maneira muito cuidadosa, como se não quisesse machucar-me. O mesmo não acontecia na escola. Muitas vezes, G. contava e até reclamava na sessão de algum problema que havia tido na escola e não tinha comentado com a professora. Por muito tempo, G. viveu passivamente situações que o contrariavam, especialmente na escola, e delas queixava-se no consultório, como se fosse um bebê resmungão. Pela relação de dependência de G. a minha figura, no início ele esperava que eu resolvesse os problemas dos quais se queixava. E eu o fazia imediatamente. Tinha convicção de que G. não podia falar por si, mesmo porque sua fala ainda era muito incompreensível. Assim, intercedia junto à escola e à família para que G. fosse atendido em suas necessidades. Posteriormente, passamos a investir nas possibilidades de G., a fim de que encontrasse a solução de seus problemas.

Fazendo uma síntese

O ser humano sempre depende, em algum grau, de seu semelhante, para a plena realização de suas tendências instintivas, inclusive na idade adulta. Nesse aspecto, o que caracteriza a criança é o grau em que ela depende de alguém para sobreviver e suas conseqüências. Conforme diz Winnicott (1990), um bebê não existe sozinho. Só podemos pensar nele incluindo a presença de um adulto a seu lado, que o atenda em suas necessidades básicas. Poderíamos dizer que o grau de dependência é tanto maior quanto menor for a criança; no entanto, a questão da dependência, em nossa espécie, é muito mais complexa e nem sempre se estabelece de acordo com essa regra.

Ocorre que a dependência motivada pelas necessidades básicas cria na criança, ao longo do relacionamento, outro tipo de dependência, que diz respeito ao fato de que o ser humano que cuida do bebê passa a ser visto por ele como necessário e fundamental a sua própria sobrevivência. A dependência torna-se, então, uma questão interpessoal, e é por isso que o adulto passa a ser a lente por meio da qual a criança vê o mundo e o veículo mediante o qual ela constrói todos os valores no início da vida. Esse aspecto específico da relação criança-adulto confere à dependência da criança um caráter marcante, já que, para o desenvolvimento mental, os adultos e as relações que eles conseguem estabelecer com os próprios filhos são elementos constitucionais desse desenvolvimento. Algumas vezes, a relação terapêutica assume o mesmo caráter. Só assim podemos explicar casos como o apresentado.

Vimos que o funcionamento do aparelho psíquico é determinado pela forma como as necessidades internas de um bebê são atendidas por um adulto capaz de dar-lhe o que é necessário para restabelecer o equilíbrio homeostático perturbado por uma excitação estésica ou pela percepção de uma necessidade fisiológica interna, como afirma Freud em um artigo de 1911 (1980, v. 12).

No caso em estudo, podemos dizer que as condições em que se estabeleceu a relação de dependência motivada pelas necessidades de sobrevivência do estágio de bebê foram responsáveis por grandes prejuízos no estabelecimento de competências do ego, tanto do ponto de vista psíquico quanto do biológico, já que os mecanismos cerebrais que subjazem às evoluções ocorridas no plano psíquico são ativados pela conjunção de estímulos internos e externos, que, no início da vida, em geral, constituem necessidades a serem atendidas, cujas vivências resultarão em adaptações necessárias no aparelho psíquico. Dito de outra forma, quando o bebê G. tinha fome, inicialmente chorava em virtude de um funcionamento decorrente do princípio de constância, ou seja, a tendência natural do ser humano para desvencilhar-se tanto quanto possível das quantidades de excitação que o assolam. A agitação motora e os gritos, porém, não lhe suprimiam a tensão, visto que a causa da dor não era eliminada, dependendo do adulto (a mãe) para atender a sua necessidade. O choro não produzia alteração na realidade externa, já que, na maioria das vezes, a mãe não podia suprimir a necessidade do bebê, que, segundo o relato da mãe, acabava por dormir.

Ainda no mesmo artigo, Freud (1980, v. 12, p. 279) descreve como os cuidados que o bebê recebe vão pôr em curso o desenvolvimento da linguagem:

> Provavelmente alucina a realização de suas necessidades internas; revela seu desprazer, quando há um aumento de estímulo e uma ausência de satisfação, pela descarga motora de gritar e debater-se com os braços e pernas, e então experimenta a satisfação que alucinou. Posteriormente, a criança de mais idade aprende a empregar intencionalmente estas manifestações de descarga como métodos de expressar suas emoções.

Por outro lado, Winnicott (1990) afirma ser necessário examinar o papel representado pela mãe e que é conveniente fazê-lo com base em dois extremos: a mãe suficientemente boa e a mãe não suficientemente boa. Para o autor, a mãe suficientemente boa alimenta a onipotência do lactente repetidamente, dando assim força a seu fraco ego, que, dessa forma, poderá constituir um *self* verdadeiro.

A mãe que não é suficientemente boa não é capaz de complementar a onipotência do lactente e, assim, falha repetidamente em satisfazer ao gesto do lactente, substituindo-o por seu próprio gesto, que deve ser validado pela submissão do lactente.

Winnicott (1990, p. 133) diz ainda nesse artigo:

> É uma parte essencial de minha teoria que o *self* verdadeiro não se torna uma realidade viva, exceto como resultado do êxito repetido da mãe em responder ao gesto espontâneo ou alucinação sensorial do lactente.

Dessas afirmações do autor decorrem dois desenvolvimentos teóricos. No primeiro, a adaptação da mãe é suficientemente boa e, como conseqüência, o lactente começa a acreditar na realidade externa que surge e comporta-se como mágica, uma vez que a mãe age de modo a não colidir com a onipotência do lactente. Desse modo, o lactente renuncia gradualmente à onipotência. O *self* verdadeiro tem espontaneidade, e isso coincide com os acontecimentos do mundo. O lactente pode agora gozar a ilusão da onipotência, criando e controlando, e gradativamente vir a reconhecer o elemento ilusório, o brincar e o imaginar. Essa é a base do símbolo, que de início é, ao mesmo tempo, espontaneidade e alucinação, e também o objeto externo criado e finalmente catexizado.

Existe algo entre o lactente e o objeto: alguma atividade ou sensação. À medida que essa atividade ou sensação une o lactente ao objeto, ela torna-se a base da formação de símbolos.

O segundo desenvolvimento teórico diz respeito à deficiência da adaptação da mãe às alucinações e aos impulsos espontâneos do lactente, impedindo que se inicie, ou tornando-o fragmentado, o processo de formação de símbolos.

Vimos que G. se havia relacionado com os símbolos de forma fragmentada.

Ao longo do atendimento, observamos que, à medida que G. podia valer-se da fala, ainda que precariamente, para ver as suas necessidades atendidas, mais se empenhava para torná-la compreensível.

Assim como se passou com a fala, muitas outras competências foram estabelecendo-se, motivadas pela relação terapêutica que se constituiu no "espaço transicional".

Winnicott (1982), no artigo "Aspectos clínicos e metapsicológicos da regressão dentro do *setting* psicanalítico" (1954-1955), teorizou de forma brilhante o que pudemos viver no percurso com G. Tomamos contato com esse artigo quando já finalizávamos este texto e ficamos profundamente gratificados com a luz que assentou sobre nossa percepção. Por anos, inquietou-nos o fato de que "algo" havia ficado protegido dentro de G., como uma potencialidade, e que no processo terapêutico vem à cena, fazendo-nos rever nossas convicções teóricas e nossa prática. Reproduzo a seguir as palavras de Winnicott (1982, p. 463-464) a respeito daquilo que a mim se apresentou, a princípio, como um mistério:

> Deve-se sempre incluir em uma teoria do desenvolvimento de um ser humano a idéia de que é normal e saudável para o indivíduo ser capaz de defender seu *self*

contra o fracasso ambiental específico por meio de um congelamento da situação de fracasso. Ao mesmo tempo, há uma assunção inconsciente (que pode se tornar uma esperança consciente) de que mais tarde surgirá a oportunidade de uma experiência renovada na qual a situação de fracasso poderá ser degelada e reexperimentada, estando o indivíduo em um estado regredido e em um meio ambiente que esteja fazendo a adaptação adequada. Está sendo aqui formulada a teoria da regressão como parte de um processo de cura, de fato, um fenômeno normal que pode ser adequadamente estudado na pessoa saudável. Na pessoa muito doente, as esperanças de que surja uma nova oportunidade são remotas. *No caso extremo, seria necessário que o terapeuta fosse até o paciente, apresentando-lhe ativamente uma boa maternagem, uma experiência que não poderia ter sido esperada pelo paciente.* (Grifo nosso)

CASO C: UM SINTOMA ESCOLAR COMO CONDUTA DEFENSIVA

Informações preliminares

Dados de identificação

Nome: C.
Idade: 10 anos e 11 meses
Escolaridade: 5ª série do ensino fundamental
Filiação: pai – C., 40 anos, vendedor
          mãe – S., 35 anos, bancária
Data de início das sessões: maio de 1996

C., aluna da 5ª série, foi-nos encaminhada pela psicóloga da escola. Ela havia sido avaliada por uma psicóloga, também indicada pela profissional da escola, que, após psicodiagnóstico, recomendou avaliação psicopedagógica, psicoterapia e orientação paralela aos pais. A colega da escola sugeriu aos pais que procurassem ajuda de um psicopedagogo e indicou, entre outros, nosso nome.

Mantivemos contato com a psicóloga que realizou o psicodiagnóstico e que, posteriormente, encaminhou-nos o relatório com o resultado das avaliações. Os dados do relatório são apresentados ao longo deste relato.

Queixa

A família queixava-se de problemas de aprendizagem escolar e de relacionamento. A psicóloga da escola informou-nos que C. apresentava graves problemas na escrita, que classificou de dislexia, bem como dificuldades no raciocínio lógico-matemático. C. havia ingressado nessa escola naquele ano e, segundo os professores, permanecia isolada, não interagindo com eles nem com os colegas. Não tinha praticado nenhum ato de indisciplina até aquele momento, mas também não respondia às perguntas dos professores.

Os pais de C. relataram que a filha havia sido expulsa da escola anterior por ter agredido fisicamente a professora de matemática que estava grávida de sete meses. Em função desse acontecimento, a nova escola recebeu a matrícula de C. com a condição de que os pais procurassem ajuda profissional e que fosse enviado para a psicóloga da escola um relatório de psicodiagnóstico, com orientações aos professores. A escola anterior, na qual C. havia cursado da 1ª à 4ª séries, já havia feito tal exigência, porém os pais a haviam ignorado. Na primeira entrevista, o pai de C. deixou bem claro que não acreditava em psicólogos e que era com grande contrariedade que estava ali, falando de sua vida e de sua família a uma estranha. Prometeu não cooperar e tentou intimidar-nos o tempo todo com respostas ásperas e agressivas. Por outro lado, a mãe permanecia fria e distante, falando da filha como se falasse de um desconhecido qualquer.

História da família

C., a mais velha das três filhas de uma mãe com 35 anos de idade, bancária, e de um pai, com 40 anos, vendedor. Na ocasião das sessões iniciais, C. estava com quase 11 anos e tinha duas irmãs: B., com 9 anos, e J., com 7 anos. O trabalho da mãe sempre cobriu a maior parte do orçamento familiar. Após 40 dias do nascimento de C, retornou a suas atividades profissionais, e sua filha passou a freqüentar uma creche. Em virtude do horário de trabalho da mãe, o pai encarregava-se de levar C. à creche e de buscá-la, visto que tinha um horário de trabalho flexível por desenvolver suas atividades em casa, realizando vendas por telefone. Por esse motivo, acompanhou e cuidou das filhas, fazendo o papel da mãe. Em entrevista inicial com o casal, o pai disse-nos que a esposa saía cedo e só voltava à noite:

– Quando chega, parece um sargento, dando broncas e reclamando de tudo!

Ao longo do tratamento de C., realizamos várias entrevistas com os pais e observamos que o esposo, de comportamento impulsivo e agressivo, apresentava problemas de relacionamento, que comprometiam sua vida profissional. Verificamos também grande insatisfação com sua atividade profissional. Ele queixava-se da corrupção, da falta de oportunidades e mostrava sentir-se injustiçado. Por outro lado, a mãe, muito bem-sucedida profissionalmente, delegava totalmente ao pai o cuidado das filhas, responsabilidade que ele assumia com satisfação, procurando, inclusive, manter a mãe afastada dos problemas domésticos. Havia nitidamente inversão de papéis na família.

História vital

A concepção de C. não foi desejada. Embora tenha sofrido crises de depressão antes e depois da gravidez, a mãe dizia ter tido uma gestação tranqüila. C. nasceu de nove meses, com 51 cm e 4,2 kg; não foi amamentada, mas sempre se alimentou bem. Andou com um ano e três meses e deixou as fraldas com um ano e seis meses.

Vítima de uma picada de aranha, aos 11 meses C. teve uma necrose infecciosa na perna e ficou um mês internada. Hoje, aos 15 anos, como apresenta um defeito na perna, tem necessidade de uma cirurgia plástica corretiva. Segundo a mãe, essa cirurgia consiste em um procedimento bastante complexo e demorado, visto que requer um enxerto para o qual será retirado tecido de outras partes do corpo. A mãe só percebeu o problema na perna da filha ao final da semana, visto que a criança jantava e tomava banho na creche e, quando chegava do serviço, a filha já estava dormindo. O pediatra repreendeu a ela e ao marido pela demora em procurar o médico, o que teria contribuído para agravar muito as conseqüências da picada de aranha e levado a cogitar na possibilidade de amputar parte da perna, se a infecção não regredisse.

Os pais ainda relataram que C. tivera muita dificuldade em aceitar as irmãs, especialmente B. (a segunda filha). Brigava muito e não aceitava que os pais dessem atenção às filhas menores, o que fazia com que, por diversas vezes, fossem obrigados a bater em C. Segundo os pais, C. não se continha enquanto não "levava uma surra". Quanto ao desempenho escolar, informaram que C. sempre fora muito preguiçosa e que só estudava quando o pai sentava para ensinar-lhe. Disseram, ainda, que "C. tinha muita dificuldade em matemática, escrevia errado, lia mal e a única matéria de que gostava de estudar era história". Todavia, só estudava com o pai, o qual dizia gostar muito dessa matéria também.

Síntese das primeiras avaliações

C. apresentou-se às entrevistas pouco cooperativa e bastante agressiva. Disse que não faria nada daquilo que eu lhe pedisse, pois estava ali obrigada e que ninguém podia exigir-lhe que fizesse o que eu determinasse. C. parecia um "bichinho" assustado e arisco, como se precisasse defender-se de um grande perigo. Depois de algumas entrevistas mantendo esse comportamento arredio, começou a ser mais cooperativa, porém agindo como se precisasse atacar para se proteger.

Nas avaliações pedagógicas de C., pudemos confirmar graves problemas ortográficos e grande dificuldade no raciocínio lógico-matemático. Notamos que C. não fazia nenhum investimento nas aprendizagens escolares e tampouco entrava em contato com suas dificuldades.

Ficou evidente nas avaliações a dificuldade de C. em relação à figura de autoridade e às irmãs.

Relatório de psicodiagnóstico

A psicóloga que realizou o psicodiagnóstico encaminhou-nos um relatório com as seguintes informações:

- *Data de aplicação*: fevereiro e março de 1996.
- *Queixa*

Segundo os pais, C. tinha um comportamento muito agressivo, perdia o controle facilmente, demorava para voltar ao normal e chorava muito. Atribuíam tal comportamento ao nascimento da segunda filha (B.).

Um ano antes, a aluna tinha tido uma crise agressiva, e a direção convidara a deixar a escola.

C. não gosta de fazer lição ou qualquer atividade que demande muita persistência; é muito impaciente e geniosa.

- *Instrumental utilizado*
    - Entrevista com os pais
    - HTP e família
    - Bender
    - WISC
    - Fábulas de Duss
    - CAT

- *Dados quantitativos*
    1. WISC
       QI verbal = 86 (médio inferior)
       QI execução = 99 (médio)
       QI geral = 91 (médio)
    2. BENDER
       Ângulos = 9 anos
       Orientação espacial = 9 anos
       Posição relativa = 8 anos
       Geral = 8 anos

- *Dados obtidos no psicodiagnóstico*

A paciente, durante todo o processo de avaliação diagnóstica, revelou uma dificuldade em estabelecer contato interpessoal adequado com a terapeuta, bem como apresentou postura defensiva, ansiosa e impaciente. Sua conduta verbal, durante todo o processo, demonstrou não poder (ou não querer) fornecer uma amostra adequada do uso da linguagem, o que comumente ocorre em casos de ansiedade intensa.

Apresentava baixo rendimento em áreas que exigem idéias, lembranças e relações que deveria ter assimilado involuntariamente e organizado verbalmente, assimilação e organização estas que parecem não ter havido.

O funcionamento da memória encontrava-se comprometido, provavelmente em virtude de usar, como método primário de ajustamento, a defesa de retirar do consciente fatos que são, mesmo que remotamente, relacionados com as idéias do conflito.

Além de problemas relativos à verbalização dos fatos, C. apresentava também pouca habilidade de julgamento, que exige, além de fatores intelectuais, orientação emocional e de atitude, que servem para selecionar o que é apropriado e relevante na situação; a capacidade de julgamento exige equilíbrio estável das emoções, o que parecia estar em falta na cliente.

Comparativamente com outros fatores, obteve bons resultados em provas que exigiam concentração; sua atenção parecia ser perturbada pela intrusão no consciente de idéias sobrecarregadas de afetos conflituados e ansiedade excessiva.

Basicamente, até agora, falamos de seu desempenho na área verbal. Nas provas de execução, seus resultados eram um pouco melhores, mas não suficientes para não comprometerem sua coordenação visual-motora. C. necessitava de esforço sistemático, voluntário e selecionado para sair-se bem, esforço esse que, naquele momento, ela não era capaz de fazer. Sua motricidade fina também estava alterada.

Ela mostrava possuir noções de orientação espaço-temporal, bem como ter adquirido alguns conceitos básicos.

Quanto aos aspectos de personalidade mais especificamente, apresentava características bastante infantilizadas, imaturas, que dificultavam seu relacionamento interpessoal com seus pares. Parecia estar fixada em etapas mais gratificantes de sua infância, principalmente àquelas em que era filha única.

Sua auto-imagem estava negativa, seu limiar à frustração achava-se muito baixo e sua resistência para lidar com esses fatores estava bastante comprometida. Isso acabou por determinar uma tendência a evitar situações que provocassem ansiedade.

C. necessitava de muita atenção e carinho e dispunha de uma mínima capacidade de retribuição. Seu comportamento era agressivamente exigente e achava-se demasiadamente egocentrada, além de apresentar características narcísicas.

Seus conflitos emocionais motivados por sentimento de rejeição materna e, ao mesmo tempo, de rivalidade com a mesma, acrescidos da dificuldade de aceitar suas irmãs, aumentavam suas tensões.

Defendia-se de maneira rígida e hostil, apresentando baixa força de ego.

Quanto à sexualidade, manifestava interesses e conflitos comuns esperados de crianças bem mais novas, mostrando, portanto, imaturidade.

Conclusão

O desenvolvimento intelectivo-motor de C. estava defasado em relação à sua idade, apresentando na aprendizagem dificuldades relativas a problemas anteriores que também deveriam estar relacionados com toda a sorte de emoções que a tomavam, mas que, sem dúvida, deviam tê-la prejudicado muito ao longo de seu processo de alfabetização. Seu relacionamento familiar estava muito comprometido em virtude do desequilíbrio emocional.

Orientação

Seria de muita ajuda à paciente uma avaliação pedagógica, em que pudessem ser detectados, dentro de uma visão microscópica, seus pontos mais frágeis nessa área.

C. necessitava de psicoterapia, e seus pais deviam receber paralelamente alguma forma de orientação.

Buscando o sentido do sintoma

Ao iniciarmos as avaliações psicopedagógicas de C., não havíamos recebido o relatório mencionado, que só nos chegou às mãos meses depois. Embora a metodologia e os instrumentos utilizados na avaliação a que procedemos não fossem os mesmos do psicodiagnóstico, eles nos levaram a confirmar seus resultados. As informações sobre as avaliações realizadas nos foram fornecidas pela colega, que compareceu ao nosso consultório e expôs a impossibilidade de realizar o tratamento psicoterapêutico pela negativa dos pais. Eu e a colega acreditávamos que talvez fosse possível vencer as resistências da família, partindo de uma proposta psicopedagógica.

A título de esclarecimento, vale mencionar que no início do diagnóstico solicitamos que os pais providenciassem a avaliação médica, consultando pediatra e neurologista, a fim de nos assegurarmos das boas condições de saúde física de C.

Durante os dois primeiros meses, C., bem como sua família, manifestaram excessiva resistência. Ainda que comparecesse pontualmente a todas as sessões (havíamos estabelecido três atendimentos semanais para C. e uma sessão quinzenal com os pais), C. repetiu por diversas vezes que não queria estar ali comigo, que não responderia a minhas perguntas, nem faria nada do que lhe pedisse. Ficava muito irritada quando lhe apontava que, ao me dizer tal coisa, já estava revelando muito sobre como se sentia, seus medos e suas dificuldades.

Não encontro forma melhor para expressar esses momentos com C., a não ser que me parecia um "bichinho" assustado e arisco, o que me fazia pensar o quanto o mundo lhe parecia hostil e perigoso. C. procurava desencorajar-me e testava-me constantemente.

Até a terceira semana, C. não havia atendido a nenhuma de minhas solicitações. Permanecia "emburrada" e, quando se dirigia a mim, o fazia de forma bastante agressiva. A esse comportamento eu reagia, dizendo-lhe que precisava de minha ajuda e que eu não desistiria, que sabia que ela era uma garota inteligente e que eu poderia ajudá-la a descobrir isso. Quando dizia que ela era muito inteligente, C. olhava-me de forma diferente. Era como se pedisse que eu a convencesse. Às vezes, dizia-me:

– Não sou inteligente nada, sou burra!

Na quarta semana, eu já estava sentindo-me incomodada. Naquele dia, pouco antes do atendimento de C., pensei: "Essa história já está me aborrecendo. O que ela está me pedindo é que eu lhe coloque um limite". Percebi que C. precisava de contenção de seus impulsos destrutivos. Pareceu-me que aquela aceitação incondicional aumentava sua ansiedade. Ficou claro, naquele momento que, se eu não mudasse aquele "estado de coisas", acabaria por desistir dela (assim como fizera a escola anterior e a colega que, mesmo tendo recomendado psicoterapia, encaminhou-me o caso). Não podia permitir que inviabilizasse seu processo terapêutico. Foi assim que, quando C. chegou para o atendimento, iniciei a sessão, dizendo:

– Queira você ou não, ficaremos aqui 50 minutos. Podemos fazer deste encontro algo agradável. Podemos jogar, conversar, pintar e brincar, mas podemos também ficar aqui olhando uma para a outra, o que, parece-me, será muito chato. Você pode escolher.

C. nada respondeu e ficou olhando-me com muita raiva. Esperei alguns minutos, peguei um jogo do armário e coloquei-o sobre a mesa. Era um jogo novo; aliás, eu o havia comprado especialmente para a sessão de C. O jogo chama-se Fuga e seu objetivo é formar uma corda para fugir da prisão. Percebi que C. olhava para a caixa do jogo com interesse. Então, disse-lhe:

– Comprei este jogo para jogar com você. Não conheço e não sei jogar; apenas li as instruções da caixa e achei legal.

C. olhou-me meio desconfiada e perguntou-me:

– É novo mesmo?
– É claro! Você não está vendo que ainda está no plástico? Você está me dizendo que não confia em mim e que eu vou enganá-la!
– Tá bom, então, vamos jogar.

Em seguida, propus que lêssemos as regras do jogo. Como já sabia das dificuldades de leitura de C., facilitei bastante as coisas. Aproximei minha cadeira da dela e comecei a ler em voz alta, de forma que, após a leitura de cada regra, parava e conversava com C., questionando-a e dando-lhe espaço para as escolhas.

Começamos a jogar e C. foi mostrando-se menos tensa e ansiosa. Enquanto jogávamos, disse-lhe:

> – Sabe, quando eu li o nome desse jogo, "FUGA", logo lembrei de você; por isso, comprei. Aqui (apontei para o jogo) tem alguém querendo sair da prisão e aqui também (apontei para C.), mas, do mesmo modo que o boneco do jogo precisa de ajuda para sair, você também precisa.

C. olhou-me demoradamente, depois prosseguiu brincando. Jogamos várias vezes nessa sessão e nas seguintes. C. estava cada vez mais hábil nas jogadas e vencia muitas partidas. A cada encontro, ficava mais próxima, embora seu comportamento desconfiado sempre estivesse presente. Esse jogo, não no sentido material, foi a chave que abriu o processo terapêutico.

Considerações teóricas

O brincar ocupa parte importante da teoria do desenvolvimento de Winnicott. Para o autor, ao brincar, o bebê, a criança e o adulto estabelecem uma ponte entre o mundo interno e o externo, efetivando uma vivência do *self* e comunicando-se paralelamente.

Winnicott (1975, p. 81) introduz o brincar na relação analítica. Para ele, a psicanálise é uma forma altamente especializada de brincar:

> Quando existe um brincar mútuo, a interpretação, de acordo com os princípios psicanalíticos vigentes, pode fazer avançar o trabalho terapêutico.

Winnicott (1975, p. 82) afirma que no processo analítico deve-se permitir à criança que esteja entre brinquedos no chão que comunique uma sucessão de idéias, pensamentos, impulsos, sensações, aparentemente sem conexões:

> Isto equivale a dizer: é ali, onde há intenção, ou onde há ansiedade, ou onde há falta de confiança baseada na necessidade de defesa, que o analista poderá reconhecer e apontar a conexão (ou diversas conexões) existente entre os vários componentes do material da associação livre.

Podemos afirmar que, ao longo das horas em que jogávamos, C. fazia comentários, aparentemente, sem relação com o que se passava no contexto do jogo. Também demonstrava uma necessidade maníaca de vencer. Quando eu estava em uma posição melhor que a sua, uma grande ansiedade tomava conta dela. Sair vencedora do jogo significava não só triunfar sobre o que eu representava, mas principalmente libertar-se da prisão. Além disso, o fato de eu aceitar sua vitória com satisfação gerava-lhe certo estado confusional, visto que não podia confiar naquele sentimento que eu demonstrava.

Em artigo de 1956, Winnicott afirma que a tendência anti-social revela privação, isto é, perda de algo bom que havia sido positivo na experiência da criança até determinada data, e que lhe foi retirado, e esta retirada estendeu-se por um tempo maior do que aquele durante o qual a criança consegue manter viva a recordação da experiência.

Os pais relatam, e nós pudemos constatar ao longo do atendimento, a profunda rejeição de C. por suas irmãs, especialmente B., que tirou de C. o lugar de filha única. Segundo o pai, depois do nascimento de B., tudo ficou mais difícil, visto que a mãe continuava trabalhando; quando chegava em casa com as duas crianças, ficava perturbado e nervoso, pois não conseguia cuidar das duas ao mesmo tempo. Como B. era mais nova e requeria mais cuidado, ocupava-se dela primeiro e só depois é que atendia C. Esta chorava e acordava a irmã; ele perdia o controle e acabava batendo na filha.

Acrescentam os pais que, depois do nascimento de B., as tias da creche sempre se queixavam do comportamento de C. Diziam que ela batia e mordia as outras crianças, que jogava os brinquedos e não obedecia a ninguém:

– Desde pequena, a gente ouve as tias e professoras falarem que C. é teimosa, agressiva, geniosa e que não se interessa por nada. Não tem paciência de brincar e não deixa ninguém em paz. Desde os dois anos, a gente só ouve reclamações dessa menina.

Segundo o pai, B. sempre foi boazinha, nunca deu motivo para apanhar, suas notas eram boas, era comportada e obediente, enquanto C. só dava desgosto e vivia apanhando. Compara as duas filhas todo o tempo e demonstra profunda aversão por certas condutas de C., que se assemelham profundamente a suas próprias. Como já dissemos, em virtude de suas dificuldades de relacionamento, o pai não teve sucesso profissional e, depois de algum tempo, revelou-nos que também havia sido expulso da escola por ter agredido um professor. Ele nutria sentimentos de rejeição por seu irmão mais novo, tendo em sua pré-adolescência, por causa de uma briga, permanecido por mais de dois anos sem lhe falar.

Quando já se encontrava em terapia, C. brigou com sua irmã B. e saiu com o braço bem arranhado. Disse-me C. que havia batido muito na irmã, arrancado seus cabelos e arranhado seu rosto. Depois dessa briga, permaneceram muito tempo sem se falar.

Para Winnicott, a tendência anti-social possui sempre duas direções: o roubo e a destrutividade, de forma que a criança opta por uma ou por outra, e em alguns casos pode tomar ambas as direções. Seguindo a ten-

dência da destrutividade, a criança busca a quantidade de estabilidade ambiental que poderá suportar a tensão resultante de um comportamento impulsivo. Trata-se da busca da provisão ambiental que foi perdida.
Afirma Winnicott (1982, p. 509) que

> (...) na base da tendência anti-social está uma experiência inicial que foi perdida. Certamente, uma característica essencial é que o bebê tenha atingido a capacidade de perceber que a causa do desastre está em um fracasso ambiental. O conhecimento correto de que a causa da depressão ou da desintegração é externa, e não interna, é responsável pela distorção da personalidade e pelo ímpeto de buscar uma cura por meio de uma nova provisão ambiental.

Portanto, a tendência anti-social constitui um imperativo relativo a uma falha ambiental estabelecida no período de dependência relativa; essa tendência, para Winnicott, é o produto de uma comunicação inconsciente, ou seja, é um apelo que ultrapassa o contexto familiar. Nesse sentido, a conduta anti-social é um sintoma que enuncia o drama do sujeito que a manifesta. Encerra em si a afirmação da necessidade não-satisfeita na fonte:

> A tendência anti-social caracteriza-se por um elemento que lhe é inerente e que compele o meio a ser importante. O paciente, por meio de pulsões inconscientes, compele as pessoas a lhe prestar assistência. É tarefa do terapeuta envolver-se com a pulsão inconsciente do paciente. Seu trabalho é saber manejar, tolerar e compreender. (Winnicott, 1982, p. 503)

Dessa perspectiva, podemos afirmar que C. efetivamente compele o meio a prestar-lhe assistência quando atua de forma destrutiva na escola. Como vimos nos capítulos anteriores, o lugar da escola em nossa cultura confere a essa instituição o poder de promover assistência diante de um sintoma, ao mesmo tempo em que também pode ser geradora de sintoma.

De acordo com Winnicott (1982, p. 35), "a amolação causada pela criança anti-social é uma característica essencial e, também sob seu melhor aspecto, uma característica favorável" que indica uma potencialidade para a recuperação da fusão perdida entre o impulso libidinal e o motor. Diz o autor que a tendência anti-social pode aparecer na forma de roubo, de mentira, de incontinência, de agressividade excessiva, em atos de indisciplina, como "fazer bagunça", e que, embora cada *sintoma* tenha seu significado e valor, o fato comum é a amolação por ele causada, bem como grande parte de sua motivação ser inconsciente.

Assim, podemos dizer que inúmeros casos conservam o fator comum, assemelhando-se à tendência anti-social. Aliás, muitas vezes, o sintoma é conseqüência direta da tendência anti-social e "amola profundamente" a família e a escola.

Observamos na clínica que, quando a criança apresenta conduta anti-social acompanhada de fracasso escolar, a preocupação familiar e da escola recai mais sobre o problema escolar do que em conhecer os problemas de conduta. É comum a família procurar ajuda apenas quando a escola exige, como foi, por exemplo, no caso de C.

Existe da parte do educador uma confusão generalizada a respeito de problemas de conduta e de aprendizagem, mesmo porque, em geral, eles encontram-se profundamente inter-relacionados. Os "problemas de comportamento" são uma queixa freqüente entre os professores, sem que, no entanto, signifiquem sempre uma tendência anti-social, pois são uma reação ao atual "estado de coisas"; portanto, sintomático do mundo em que vivemos. Outros esclarecimentos apresentaremos adiante. Por ora, queremos apenas chamar a atenção para o "estado confusional", se assim podemos dizer, que tomou conta do campo da educação.

Voltando ao caso C., é preciso esclarecer que, conforme aponta Winnicott (1982, p. 502), uma tendência anti-social não é um diagnóstico:

> Não se compara(m) com outros termos diagnósticos, tais como neurose, psicose. A tendência anti-social pode ser encontrada em um indivíduo normal, ou em um que seja neurótico ou psicótico.

Aqui, inserem-se outros aspectos do caso C. a serem considerados no âmbito do diagnóstico e da intervenção, ou seja, C. chegou ao nosso consultório trazendo como queixa da família e da escola problemas de conduta e de aprendizagem. O sintoma "problemas de conduta" identificou-se com o que Winnicott chamou de tendência anti-social, tanto no sentido de sua manifestação quanto de sua psicogênese. No entanto, outros aspectos de sua vida interior puderam ser pensados com base no quadro que costumamos chamar de "organização neurótica". Ocorre que a motivação do sintoma neurótico dispensa testemunhas, enquanto a tendência anti-social leva à necessidade de "amolar" o meio; logo, existe uma atuação em que se está sempre procurando testemunhas. O tipo de atuação e a forma de vivenciá-la, porém, são determinados por aspectos da personalidade que se vem configurando, ou seja, na tendência anti-social, a especificidade e a vivência emocional da atuação decorrem de fatores que ultrapassam a privação original.

Dessa forma, no caso em questão estava presente um modo de atuação, ou seja, uma sintomatologia em que encontrávamos os aspectos da privação originária da tendência anti-social e, ao mesmo tempo, revelava uma neurose infantil. Portanto, tendência anti-social e neurose não são sinônimos, visto que a raiz de uma e de outra está assentada em distintas vivências. Logo, uma criança que manifesta uma tendência anti-social pode ou não apresentar uma "organização neurótica". No caso C., havia ambas, uma interferindo na configuração da outra.

NOTAS

1. Segundo um dos primeiros conceitos de ciência, ela identifica-se com um conjunto de procedimentos que permitem a distinção entre aparência e essência dos fenômenos que são perceptíveis pela inteligência humana. São as peculiaridades de seu método que a diferenciam de muitas outras formas de conhecimento humano. E uma de suas particularidades é aceitar que nada é perenemente verdadeiro. É, portanto, um campo de conhecimentos com técnicas especializadas de verificação, de interpretação e de inferência da realidade. A teoria caracteriza-se como conjunto de princípios de uma ciência ou de tentativas de explicação de um número limitado de fenômenos. Enquanto a mente, que possui teorias, é capaz de distinguir, entre inúmeros fatos, os que são relevantes, a análise ocupa-se da aplicação da teoria, para interpretar fatos e fazer previsões.
2. Esse termo foi utilizado no fim do século XIX pela medicina, psicologia, psiquiatria e psicanálise para designar os sofrimentos da alma e, em termos mais amplos, os distúrbios do psiquismo humano, com base em uma distinção ou em um deslizamento dinâmico entre o normal e o patológico, variável conforme a época.
3. Contratransferência: conjunto das manifestações do inconsciente do analista relacionadas com as da transferência de seu paciente.
4. Transferência: é o termo introduzido progressivamente por Freud e Ferenczi para designar um processo constitutivo do tratamento psicanalítico mediante o qual os desejos inconscientes do analisado concernentes a objetos externos passam a repetir-se, no âmbito da relação analítica, na pessoa do analista, colocado na posição desses diversos objetos (cf. Plon e Roudinesco, 1998).

CONCLUSÃO
TECENDO UM NOVO OLHAR
SOBRE O SINTOMA ESCOLAR

A ESCOLA

Ao longo desses anos, a clínica dos problemas escolares revelou-nos a rede intrincada de determinantes que geram o fracasso escolar. Como um sintoma da contemporaneidade, o fracasso escolar encontra suas condições de possibilidade na singularidade do sujeito psíquico. Assim, passamos a considerá-lo com base em análises contextuais que privilegiam a estrutura singular, a estrutura de produção social e as que realizam análise da instituição escolar.

Nossos estudos revelaram que a segunda metade do século XX vem desafiando a clínica com sintomas que expressam o mal-estar de uma época e inscrevem-se de forma singular na história de cada um. O fracasso escolar é um desses sintomas e toma lugar considerável nas preocupações do homem contemporâneo.

Cada cultura traz em seu bojo as condições de possibilidade da psicopatologia, em virtude do caráter essencialmente psicopatológico da humanidade e dos sintomas como grandes invenções do homem para fazer frente ao sofrimento. Essas condições atualizam-se, isto é, tornam-se positivas, quando o sujeito psíquico individual estabelece um contrato inconsciente com determinada instituição. Para ilustrar essa afirmação, citemos a histeria de outrora, que, como bem afirma Roudinesco (2000), traduzia uma contestação da ordem burguesa que passava pelo corpo das mulheres. Atualmente, verificamos inúmeros outros sintomas culturalmente determinados: anorexia, depressão, toxicomania e outros. Da mesma forma, o sintoma escolar é uma patologia de nosso tempo.

Com o sintoma escolar, aprendemos que, quando a cultura postulou para a escola um ideal de criança, acabou por impedir a emergência do singular, daquilo que, como diferença, distancia-se do ideal. Se o sujeito está para além dos ideais, se sua subjetividade está no que escapa ao existir da criança no mundo atual, não resta outra solução senão a de se fazer sujeito por meio de seu sintoma.

Na realidade, cada sociedade caracteriza-se precisamente por inventar suas necessidades, bem como o conjunto de instituições que irão satisfazê-las. A sociedade moderna, mediante o seu ideal narcísico, inventou a escola para fazer das crianças adultos racionais e honrados. Ora, o modo de ser das instituições dá-se, concretamente, por meio de suas formas simbólicas, e estas não surgem de modo arbitrário. Dependem de razões funcionais, de determinações históricas e do imaginário cultural, entendendo o imaginário cultural como o estrato geral de produção de sentido emocional e de significações que o sujeito histórico atribui à realidade, estabelecendo simultaneamente a forma de ser das instituições e da subjetividade em certa época.

Assim, o campo ético da educação, da modernidade aos tempos atuais, foi-se delineando com base na filosofia – que pensou o ser e a natureza – e naquilo que se configurou como "ciências humanas"; assim, os vários campos que constituem as ciências humanas, tomados como paradigmas para se pensar a educação, partem de uma concepção de homem cuja natureza é fundamentalmente racional. Dessa forma, do ponto de vista da psicopatologia, não restaria outra sorte que não o fracasso escolar para o futuro dessa instituição concebida para professores adultos racionais e crianças ideais.

O ideal de completude e perfectibilidade que fundou a escola estabeleceu uma relação imaginária entre professor e aluno tal que o primeiro deve ensinar perfeitamente, e o outro, aprender por completo. Tal ação não se coloca no campo do possível, mas no campo do ideal e como tal está fadada ao fracasso. Nesse sentido, a criança que faz fracassar esse ideal de educação é excluída do cotidiano escolar, torna-se um incômodo que apontará para o fato de que o conceito de criança escolar, de criança ideal, está dissolvendo-se no mundo atual. Dessa forma, há, de um lado, crianças supostamente ideais, postas na condição de puro objeto do desejo parental e social, e, de outro, crianças-problema que insistem em existir e apontar a ilusão do mundo criado onipotentemente pelo homem moderno.[1]

Se a instituição escolar não reconhece a criança real e vive à espera do aluno ideal, fatalmente não pode constituir-se em um meio suficientemente bom e fazer frente às necessidades da criança.

Quando as pessoas encarregadas dos cuidados essenciais ao desenvolvimento emocional da criança, que constituem o meio inicial, não foram capazes de fornecer o suporte necessário, por meio de adaptação a suas necessidades, a criança estará ainda mais despreparada para viver a intrusão causada pela escola. Winnicott denomina por *intrusão* o que vem do meio e interrompe a continuidade do ser. Afirma, porém, que, se o bebê for adequadamente protegido no início – recebendo um suporte egóico suficientemente bom do meio –, então aprenderá gradualmente a enfrentar a intrusão. A tese da intrusão proposta por Winnicott (1990, p. 62-69) está vinculada ao estado de prontidão e de estar preparado.

Nesse sentido, recorremos ao termo *intrusão,* proposto por Winnicott, para nos referirmos à invasão que a escola pode representar ao ser da criança.

Assim, as crianças cujas circunstâncias iniciais de provisão ambiental não foram favoráveis estarão mais vulneráveis ao fracasso da escola, que, por sua vez, é também fracasso na provisão ambiental do aluno, já que a escola também não faz frente às necessidades do aluno.

Todavia, existe um *continuum,* que vai do que é considerado normal, ao patológico, ou seja, em vários casos o fracasso escolar ultrapassa o limiar do que é socialmente aceitável e torna-se francamente sintomático.

São esses casos sintomáticos que buscamos iluminar com base nos pressupostos da psicopatologia psicanalítica.

A PSICOPATOLOGIA

Um estudo ancorado na psicopatologia pode sugerir preocupação em descobrir perturbações ou doenças; no entanto, assim consideradas, as situações só se tornam problemáticas de um ponto de vista vivencial do próprio sujeito, ou daqueles que com ele convivem, ou, ainda, do ponto de vista da cultura, tornando a questão novamente vivencial para os que dela participam.

Isto quer dizer que não é possível fazer uma apreciação de fora sobre a importância de determinado fato na vida de uma criança. Tomemos, por exemplo, o caso C. O nascimento da irmã significou a vivência de uma verdadeira privação, isto é, houve a perda de algo que havia sido positivo em sua experiência até aquele momento. Para outra criança, esse fato poderia ter diferente expressividade na organização geral de sua vida mental, não desencadeando prejuízos maiores, nem se transformando em fator de sofrimento pessoal. Teria contribuído para isso, evidentemente, um meio humano que interagisse e propiciasse à criança a aceitação e a integração desse novo elemento em sua vida, e que não impusesse exigências inadequadas e deformadoras. Ela poderia sentir-se segura e confiante, caso seu lugar fosse garantido por meio da família suficientemente boa. No caso C., porém, a inadequação externa diante de manifestações internas fez com que a apreciação vivencial da presença de um novo bebê fosse profundamente ameaçadora. Posteriormente, o que era na origem um problema localizado acabou transformando-se em fator de perturbação para outros aspectos de sua vida. Assim, quando C. chegou a nossa clínica, além da dificuldade inicial, apresentava uma série de outros problemas decorrentes das perturbações vivenciais que, ao longo do tempo, haviam-se tornado parte da organização de sua personalidade, transformando-se em conduta patogênica, ou seja, sintoma.

É a experiência vivencial do sujeito que determina os efeitos do meio em seu desenvolvimento emocional, resultando nos padrões de defesa de cada um e, conseqüentemente, nas condições de possibilidades do sintoma. Vimos com Bleger (1984, p. 145) que "o mundo externo incorpora-se como conduta no ser humano, e para que isso ocorra é imprescindível que o ser humano incorpore-se a si mesmo no mundo exterior".

Da mesma forma, são esses aspectos da experiência vivencial que definem a melhor forma de tratamento, ou seja, a maneira como a criança reage à falha na provisão ambiental.

Não obstante os fatores externos e internos tenham profunda influência na organização da vida mental à medida que significam vivências únicas de cada ser humano, existem certas formas peculiares que se caracterizam e se diferenciam entre si; o indivíduo manifesta-as, consciente ou inconscientemente, diante dos problemas os quais se defronta. Essas formas peculiares possuem íntima relação com certas etapas do desenvolvimento pelas quais o sujeito tenha passado.

Winnicott (1990, p. 62-69) identificou aspectos psicopatológicos, resultados de falha ambiental nas etapas do desenvolvimento emocional, da dependência absoluta rumo à independência. O autor assim os descreve:

- *período de dependência extrema*:
  - necessidade: meio suficientemente bom para o desenvolvimento inato;
  - falha ambiental: deficiência mental não-orgânica, esquizofrenia da infância, predisposição à doença mental posterior (conforme vimos no caso G., cujo atraso no desenvolvimento indicava deficiência mental não-orgânica).
- *período de dependência*:
  - necessidade: cobertura do ego;
  - falha ambiental: predisposição a distúrbios afetivos, tendência anti-social (como vimos no caso C.);
- *período de início de passagem da dependência para a independência*:
  - necessidade: a criança experimenta a independência, mas precisa que lhe seja assegurado reexperimentar a dependência;
  - falha ambiental: dependência patológica;

- *período de independência-dependência:*
  - necessidade: a mesma da modalidade anterior, porém com predomínio de independência;
  - falha ambiental: arrogância, surtos de violência;
- *período de independência:*
  - necessidade: ter internalizado um ambiente e a capacidade de cuidar de si mesma;
  - falha ambiental: não-necessariamente prejudicial;
- *período de sentido social:*
  - necessidade: indentificar-se com os adultos e com o grupo social, ou com a sociedade, sem perda demasiada da originalidade ou sem perda demasiada dos impulsos agressivos e destrutivos que encontraram, presumivelmente, expressão satisfatória em formas deslocadas;
  - falha ambiental: falta parcial da responsabilidade do indivíduo como pai, ou mãe, ou como figura paterna na sociedade.

A relação apontada por Winnicott, entre os aspectos psicopatológicos e as etapas do desenvolvimento emocional, inúmeras vezes pôde ser verificada em nossa clínica, guardando, porém, sempre a originalidade de cada criança.

Assim, a integração parece-nos uma tendência natural no processo de desenvolvimento do indivíduo. Há tendência à integração dos diversos aspectos fragmentados com que percebe a realidade do início da vida, formando, aos poucos, uma visão mais coesa e unificada de si e do mundo. Há tendência à integração dos diversos sentimentos e impulsos, às vezes, contraditórios que brotam no indivíduo e no início são vividos ora como indiferenciados, ora como excludentes entre si. Por fim, há tendência à integração do indivíduo com o meio onde vive e com aqueles que o cercam.

Essas tendências poderiam ser tomadas como indicativo de um processo de desenvolvimento normal, e uma mudança nesse rumo poderia sinalizar alguma anormalidade. Identificar esses rumos requer que se leve em conta toda vivência emocional do ser que passa pelo processo de desenvolvimento.

A clínica mostra que, muitas vezes, o que poderia ser considerado um distúrbio grave constitui uma tentativa, por parte do sujeito, de alcançar o equilíbrio e manter a tendência à integração, como vimos no caso G. O inverso também é verdadeiro, havendo situações em que, sob aparente adequação de atitudes do ponto de vista externo, encontra-se o que Winnicott (1982) chamou "perturbações da continuidade da existência", que resultam em uma "mente-psique" que é patológica.

A apreciação psicopatológica do sintoma escolar permite verificar que as diversas formas de manifestação dos distúrbios no processo de aprendizagem têm íntima relação com o grau de integração que a organização mental da criança tenha atingido. Dessa forma, para cada fase da vida infantil, existem formas próprias de conduta, bem como formas próprias de os distúrbios manifestarem-se. Tal como vimos, por exemplo, com C., a "perda original" ocorreu no período de dependência relativa, quando o ego se encontrava em estágio de relativa integração, o que resulta na tendência anti-social. Já no caso G., ocorre o que Winnicott chamou de "congelamento da situação de fracasso", ou seja, o meio falha na fase do desenvolvimento emocional primitivo, no qual é necessário que a mãe realmente sustente (*hold*) o bebê. Dessa forma, G. apresentará como sintomatologia um severo prejuízo em termos de desenvolvimento geral. Correspondentemente a esses desenvolvimentos teóricos, do ponto de vista do tratamento, ao fazer frente às necessidades do paciente, o analista vai privilegiar o *setting* ou a interpretação. Afirma Winnicott (1982, p. 486):

> Quando há um ego intacto, o analista pode deixar de se preocupar com estes detalhes mais antigos do cuidado materno e, neste caso, o *setting* da análise não é importante em comparação com o trabalho interpretativo. (Por *setting* quero dizer a soma de todos os detalhes do manejo.) Mesmo assim, há uma reação básica de manejo na análise comum que é mais ou menos aceita por todos os analistas.

No caso G., por muito tempo, privilegiamos o *setting* analítico, enquanto no caso C. alternamos *setting* e interpretação; em um primeiro momento, privilegiamos o *setting* e, em um segundo momento, *setting* e interpretação; em um terceiro momento, interpretação. Adiante, veremos que o que diferencia nossa clínica psicopedagógica da tradicional clínica psicanalítica é justamente o lugar destinado ao sintoma escolar. A preocupação com a escola e o sentido desse sintoma no contexto da singularidade individual e familiar fazem-no, das formas mais variadas, presente na relação terapêutica, ou seja, a relação da criança com a escola e o trabalho escolar permeia a relação terapêutica, visto ter sido esse o caminho para a clínica.

Da perspectiva da psicopatologia, o ser humano sempre depende, em algum grau, de seu semelhante para a plena realização de suas tendências instintivas, inclusive na idade adulta. Nesse aspecto, o que caracteriza a criança é o grau em que ela depende de alguém para sobreviver. Winnicott afirma que não existe o bebê isoladamente. Para o autor, só podemos pensar em um bebê incluindo a presença de um adulto a seu lado, que o atenda em suas necessidades básicas. Podemos dizer que o grau de dependência é maior quanto menor for a criança, mas isso não é suficiente para entender a importância e as dimensões dessa dependência.

Vimos que a dependência motivada pelas necessidades básicas cria na criança, ao longo do relacionamento, outro tipo de dependência, que diz respeito ao fato de o ser humano que cuida do bebê passar a ser visto por ele como necessário e fundamental à sua própria sobrevivência. A dependência transforma-se em uma questão interpessoal, e é por isso que o adulto passa a ser também o veículo de todos os valores que a criança constrói no início da vida. Esse aspecto específico da relação adulto-criança confere à dependência da criança um caráter tão marcante, que podemos dizer que, para o desenvolvimento mental, os adultos e as relações que estes conseguem estabelecer com os próprios filhos são elementos constitucionais do desenvolvimento destes últimos.

Aceitar essa dimensão da dependência infantil e suas decorrências implica imprimir certas peculiaridades à prática clínica com crianças.

A CLÍNICA

Como demonstramos ao longo deste texto, o sintoma escolar, em sua especificidade, coloca em questão um aspecto fundamental da ética psicanalítica: o analista deve ou não ocupar-se do sintoma escolar?

Tradicionalmente, o discurso psicanalítico situa o sintoma em posição secundária com relação à angústia, o que tem implicações do ponto de vista do tratamento. Vimos no Capítulo 4 que, na linha do pensamento freudiano, o sintoma, no tratamento psicanalítico, não deve ser removido antes do tempo, sob pena de nunca se conseguir mais do que melhoras modestas e não-duradouras. No entanto, as conseqüências desse sintoma na vida da criança de nossa cultura podem ser irreversíveis.

Com base em uma perspectiva winnicottiana, delineamos teoricamente a resposta para essa questão que, sem que tivéssemos percebido, tinha sido solucionada em nossa clínica.

Winnicott ensina que o sucesso da situação analítica procede invariavelmente de nossa capacidade de fazer frente às necessidades do paciente. Utiliza metaforicamente a expressão *papel de mãe* ao referir-se à sensibilidade do analista em relação à necessidade do paciente, fornecendo-nos, assim, um valioso esquema para orientar nosso comportamento em relação ao paciente.

Em todos esses anos de clínica infantil, desenvolvemos uma "escuta" que naturalmente privilegia a demanda da criança, permitindo que a teoria seja ajustada ao vivido no processo terapêutico. O amadurecimento pessoal foi, pouco a pouco, libertando-nos das amarras teóricas, que, muitas vezes, é fruto de rígidas interpretações que não são sustentadas pela prática.

A experiência terapêutica nos Casos G. e C. é exemplo de tratamentos em que nossa atenção estava totalmente centrada nas necessidades das crianças. *A priori*, a natureza da relação estabelecida ultrapassava nossas possibilidades conscientes. Comprar o jogo FUGA para uma sessão com C. não foi uma decisão teórica, no sentido de haver desenvolvido um raciocínio clínico e concluído que deveria introduzir exatamente esse jogo na sessão. Na verdade, passeava em um *shopping center* descontraidamente, quando vi em uma vitrine de brinquedos a caixa do jogo, com o nome FUGA em letras grandes. Imediatamente, C. aflorou-me à mente e decidi comprar o brinquedo. Foi somente na sessão, quando percebi a conformação simbólica que a mim se apresentava, que pude avaliar o que perpassava o manejo terapêutico. Não que eu houvesse prescindido da ética psicanalítica; ao contrário, hoje posso afirmar que estava muito mais incorporada. Já não se tratava de regras, de conhecimento teórico. Já não se tratava de conduzir a análise, mas de *ser* analista.

Os tratamentos de G. e C. aconteciam paralelamente, colocando-se como duas histórias que requeriam manejo diferente, que me exigiam muito como pessoa.

Relendo recentemente um artigo de Winnicott, cuja leitura de há muitos anos não despertara o mesmo sentido que hoje, senti-me bastante identificada com o texto. Nesse artigo, Winnicott (1982, p. 462) escreve:

> O tratamento e o manejo deste caso exigiu de mim tudo o que eu possuía como ser humano, como psicanalista e como pediatra. Durante o tratamento tive de passar por um crescimento pessoal que foi doloroso e que eu teria de bom grado evitado. Em especial, tive que aprender a examinar minha própria técnica sempre que surgiam dificuldades, e a causa das 12 ou mais fases de resistência provou sempre ser um fenômeno da contratransferência.

Posso dizer, da mesma forma que Winnicott, que G. e C. exigiram tudo o que eu possuía como ser humano, como analista, como psicopedagoga. Tenho certeza, porém, de que não gostaria de ter evitado essa experiência. Crescemos juntos, eu, G. e C., as crianças no sentido do desenvolvimento emocional, e eu como pessoa e terapeuta. Vê-los hoje jovens capazes de "ser" e "fazer" deixa-me profundamente gratificada. Apresentei neste livro uma parte desse percurso, porém as histórias são bem mais extensas. Ao longo desse tempo, a mãe de G. adoeceu, fez a retirada de um rim e a família passou por severas dificuldades. G. suportou a angústia desse período de forma muito sadia, podia verbalizar seus medos e preocupações. G. mostrou-se uma criança generosa, capaz de compreender as limitações de sua mãe e aceitá-la.

Na vida de C. também houve acontecimentos muito dolorosos, como, por exemplo, no ano de 2000, a detecção de um câncer no útero de sua mãe. Foram várias cirurgias, quimioterapia, radioterapia e, recentemente, o diagnóstico de metástase no cérebro. C. tem vivido o processo da doença da mãe com muita dor, porém sem fuga maníaca, mas com as reações de uma garota de 15 anos que vê sua mãe morrendo a cada dia: ora revolta-se, ora desespera-se, ora acalma-se, faz bolo de chocolate para sua mãe e leva um pedaço para mim.

Retomando a questão do sintoma, consideramo-lo da perspectiva de vida do paciente, e não apenas do arcabouço da teoria. Com isso, pretendemos dizer que, ao atender às necessidades do paciente, o analista, com base em sua sensibilidade, poderá ou não agir sobre o sintoma. Assim, o manejo e a interpretação podem abarcar a problemática escolar, se esta for a demanda da criança.

Winnicott afirma que, na questão do manejo, é importante observar que ele nem favorece os caprichos e desejos do pacientes, nem evita satisfazer à demanda de auxílio, pelo restabelecimento da confiança. O manejo é, na verdade, realizar na clínica o provimento da adaptação ambiental que faltou ao paciente em seu processo de desenvolvimento e sem o qual tudo o que ele pode fazer é existir pela manifestação reativa de mecanismos de defesa, assim como pelo potencial de seu *id*. Só quando o manejo foi eficaz para o paciente é que o trabalho interpretativo pode ter valor clínico. O manejo e o trabalho interpretativo, muitas vezes, caminham lado a lado, apoiando-se mutuamente, facilitando um a ação do outro, na experiência de vida total do paciente.

O autor afirma que o analista segue o princípio básico da psicanálise, deixando-se conduzir pelo inconsciente do paciente, e que deve estar preparado para lidar com uma tendência regressiva, se não quiser ser diretivo e deixar o papel de analista. Considera a idéia de regressão como um mecanismo de defesa do ego altamente organizado, que envolve a existência de um falso *self*.

Entendemos a regressão como um modo de funcionar que já predominou na vida da criança, mas que está presente com todos os outros elementos integrados à sua estrutura mental depois daquela época. A regressão seria então um movimento interno em que predomina no presente uma configuração de funcionamento mental que já foi predominante em outra época da vida. Contudo, no presente, esse predomínio não tem o caráter simplista de uma repetição, pois o indivíduo e suas condições atuais já não são os mesmos. A implicação disso é que, do ponto de vista de nossa prática, mesmo em situação regressiva, a criança que chega à clínica por intermédio do sintoma escolar não deixou de trazer, na transferência, aspectos do vivido na situação escolar, o que, por sua vez, tem íntima relação com sua história de desenvolvimento inicial. Em termos concretos, isso significa que o sintoma escolar é tão mobilizador e está tão integrado à organização mental da criança que muito do conteúdo manifesto na sessão gira em torno do experienciado na escola.

Assim, a sessão desenvolve-se em termos de brincar, no sentido winnicottiano, o que significa considerar as possibilidades do brincar que dependem, evidentemente, do grau de maturidade atingido pelo paciente no percurso da dependência rumo à independência. Dessa forma, o terapeuta acompanha o processo, e seu paciente, adaptando-se a suas necessidades paralelas e, é claro, à habilidade da mãe suficientemente boa de adaptar-se às necessidades do bebê. Assim, criança e analista brincam. Brincam de escolinha, de casinha, ensinam a fazer lição, fazem a vez do aluno, do professor, da mãe, do pai, do filho, do irmão, jogam, desenham, contam historinhas. Enfim, brincam o viver da criança, buscando as experiências criativas que possibilitam o crescimento desse ser. Essa é nossa forma de manejo e de interpretação.

NOTA

1. Ambas as condições são psicopatológicas e, embora algumas crianças não fracassem na escola, fracassam como sujeito e ficam na condição de objeto. Assim, a escola fracassa em ambas as situações.

REFERÊNCIAS BIBLIOGRÁFICAS

ABRAM, J. *A linguagem de Winnicott: dicionário das palavras e expressões utilizadas por Donald W. Winnicott*. Rio de Janeiro: Revinter, 2000.
ADORNO, T. W. *Mínima moralia*. São Paulo: Ática, 1992.
_____. *Terminologia filosófica II*. Madrid: Taurus, 1987.
AJURIAGUERRA, J. et al. *Manual de psiquiatria infantil*. São Paulo: Masson.
ANTUNHA, E. L. G. Avaliação neuropsicológica da infância (0 a 6 anos). In: BOSSA, N. A. et al. *Avaliação psicopedagógica da criança de zero a seis anos*. 6. ed. Petrópolis: Vozes, 1998.
_____.Avaliação neuropsicológica dos sete aos onze anos. In: BOSSA, N. A. et al. *Avaliação psicopedagógica da criança de sete a onze anos*. 6. ed. Petrópolis: Vozes, 1999.
ANZIEU, D. *O eu pele*. São Paulo: Casa do Psicólogo, 1988.
ARAGÃO, L. T.; CALLIGARIS, C.; COSTA, J. F.; SOUZA, O. *Clínica do social: ensaios*. São Paulo: Escuta, 1991.
ARIÈS, P. *História social da criança e da família*. Rio de Janeiro: Guanabara, 1981.
BAETA, A. M. B. Fracasso escolar: mito e realidade. *Idéias, Fundação, Desenvolvimento da Educação,* São Paulo: FDE, n. 1, 1988.
BARALDI, C. *Aprender a aventura de suportar o equívoco*. Petrópolis: Vozes, 1994.
BARONE, L. M. C. *De ler o desejo ao desejo de ler*. Petrópolis: Vozes, 1993.
BARTHES, R. *O rumor da língua*. São Paulo: Brasiliense, 1988.
BASBAUM, L. *Sociologia do materialismo*. 3. ed. São Paulo: Símbolo, 1978.
BERGERET. J. *A personalidade normal e patológica*. 3. ed. Porto Alegre: Artmed, 1998.

BENVENISTE, E. *Problemas de lingüística geral 1*. Campinas: Pontes, 1988. "Da subjetividade na linguagem".

BERCHERIE, P. *Histoire et structure du savoir psychiatrique: les fondements de la clinique 1*. Paris: Editions Universitaires, 1991.

BERLINCK, M. L. T. *Psicopatologia fundamental*. São Paulo: Escuta, 2000.

BETTS, J. A. Missão impossível? Sexo, educação e ficção científica. In: CALLIGARIS, C. et al. *Educa-se uma criança?* Porto Alegre: Artes e Ofícios, 1994.

BIRMAN, J. A psicopatologia na pós-modernidade: as alquimias no mal-estar da atualidade. *Revista Latino Americana de Psicopatologia Fundamental*, v.2, n.1, mar. 1999.

_____. *Psicanálise, ciência e cultura*. Rio de Janeiro: Zahar, 1994.

BLEGER, J. *Psicologia da conduta*. Porto Alegre: Artes Médicas (Artmed), 1984.

BLEICHMAR, H. *Introdução ao estudo das perversões: teoria do Édipo em Freud e Lacan*. Porto Alegre: Artes Médicas (Artmed), 1984.

BOCK, A. M. et al. *Psicologias: uma introdução ao estudo de psicologia*. 3. ed. São Paulo: Saraiva, 1989.

BOSSA, N. A. *A psicopedagogia no Brasil: contribuições a partir da prática*. 2.ed. Porto Alegre: Artmed, 2000.

CABAS, A. G. *Curso e discurso da obra de Jacques Lacan*. São Paulo: Moraes, 1982.

CALLIGARIS, C. *Hello Brasil*. 3. ed. São Paulo: Escuta, 1992.

CHAUI, M. S. *Convite à filosofia*. 7. ed. São Paulo: Ática, 1996.

_____. Ideologia e educação. *Educação e Sociedade,* São Paulo, v.5, p.24-40, jan. 1980.

CLASTRES, G. A criança no adulto. In: MILLER, J. (Org.). *A criança no discurso analítico*. Rio de Janeiro: Zahar, 1991.

COLL, C. *Conocimiento psicológico y práctica educativa: introducción a las relaciones entre psicologia y educación*. Barcelona: Barganova, 1989.

COLLARES, C. A. L. *Influência da merenda escolar no rendimento em alfabetização: um estudo experimental*. São Paulo: Escola Pós-Graduada de Ciências Sociais da Fundação Escola de Sociologia e Política de São Paulo, 1989. (Tese de doutorado.)

CONDEMARIN, M. La dislexia: un pretexto para avanzar en el estudio del lenguaje. *Boletim. Associação Estadual de Psicopedagogos de São Paulo*, v.4, n.7, p.5-22, 1985.

CONDEMARIN, M. et al. *Maturidade escolar.* Rio de Janeiro: Ene Livros, 1986.

CONDEMARIN, M.; ALLIENDE, F. *Leitura: teoria, avaliação e desenvolvimento*. Porto Alegre: Artes Médicas (Artmed), 1987.

CORDIÉ, A. *Os atrasos não existem: psicanálise de crianças com fracasso escolar.* Porto Alegre: Artes Médicas (Artmed), 1996.

COSTA, J. F. *Ordem médica e norma familiar.* Rio de Janeiro: Graal, 1999.

CYPEL, S. Reflexões sobre alguns aspectos neurológicos do aprendizado escolar. *Isto se aprende com o ciclo básico*. São Paulo: Secretaria da Educação, Coordenadoria de Estudos e Normas Pedagógicas (Cenp), 1986.
DELORS, J. In: UNESCO. *Educação, um tesouro a descobrir*. Relatório para a Unesco da Comissão Internacional sobre Educação para o Século XXl. São Paulo/Brasília: Cortez/MEC, 1998.
DEL PRIORE, M. (Org.). *História das crianças no Brasil*. São Paulo: Contexto, 1999.
DESCARTES, R. *Descartes II*. São Paulo: Nova Cultural, 1987. (Coleção Os Pensadores.)
DOLLE, J. M. *Essas crianças não aprendem: diagnóstico e terapias cognitivas*. Petrópolis: Vozes, 1995.
_____. *Para além de Freud e Piaget: referenciais para novas perspectivas em psicologia*. Petrópolis: Vozes, 1993.
DONZELOT, J. *A polícia das famílias*. Rio de Janeiro: Graal, 1986.
DUARTE, A. L. et al. Contribuição ao estudo da assembléia geral como instrumento terapêutico. *Revista de Psiquiatria*, v.5, n.3, p.186-193, set./dez. 1993.
DUBY, G.; ARIÈS, P. (Org.). *História da vida privada: da Revolução Francesa à primeira guerra*. São Paulo: Companhia das Letras, 1991.
FERENCZI, S. *Escritos psicanalíticos*. Rio de Janeiro: Taurus, 1913. "O desenvolvimento do sentido de realidade".
FOUCAULT, M. *Microfísica do poder*. Rio de Janeiro: Graal, 1979.
_____. *O nascimento da clínica*. 5. ed. Rio de Janeiro: Forense, 1998.
_____. *Vigiar e punir*. Petrópolis: Vozes, 1977.
FREIRE, P. *Educação como prática de liberdade*. Rio de Janeiro: Paz e Terra, 1967.
_____. *Pedagogia do oprimido*. Rio de Janeiro: Paz e Terra, 1987.
FREITAS, M. C. de (Org.). *História social da infância no Brasil*. São Paulo: Cortez, 1999.
FREUD, A. *Infância normal e patológica: determinantes do desenvolvimento*. Rio de Janeiro: Zahar, 1982.
FREUD, S. A concepção psicanalítica da perturbação psicogênica da visão (1910). *Edição standard brasileira das obras completas de Sigmund Freud*. Rio de Janeiro: Imago, 1980, v. 11.
_____. A dissolução do complexo de Édipo (1924). *Edição standard brasileira das obras completas de Sigmund Freud*. Rio de Janeiro: Imago, 1980, v. 19.
_____. A etiologia da histeria (1906). *Edição standard brasileira das obras completas de Sigmund Freud*. Rio de Janeiro: Imago, 1980, v. 3.
_____. A interpretação dos sonhos: parte 1 (1900). *Edição standard brasileira das obras completas de Sigmund Freud*. Rio de Janeiro: Imago, 1980, v. 4.
_____. A interpretação dos sonhos: parte 2 (1900-1901). *Edição standard brasileira das obras completas de Sigmund Freud*. Rio de Janeiro: Imago, 1980, v. 5.

_____. Além do princípio do prazer (1920). *Edição standard brasileira das obras completas de Sigmund Freud.* Rio de Janeiro: Imago, 1980, v. 18.

_____. A mente e seu funcionamento: parte 1. *Edição standard brasileira das obras completas de Sigmund Freud.* Rio de Janeiro: Imago, 1980, v. 23.

_____. Análise de uma fobia em um menino de cinco anos (1909). *Edição standard brasileira das obras completas de Sigmund Freud.* Rio de Janeiro: Imago, 1980, v. 10.

_____. A organização genital infantil: uma interpretação na teoria da sexualidade (1923). *Edição standard brasileira das obras completas de Sigmund Freud.* Rio de Janeiro: Imago, 1980, v. 19.

_____. A sexualidade na etiologia das neuroses (1898). *Edição standard brasileira das obras completas de Sigmund Freud.* Rio de Janeiro: Imago, 1980, v. 3.

_____. Cinco lições de psicanálise (1910 [1909]). *Edição standard brasileira das obras completas de Sigmund Freud.* Rio de Janeiro: Imago, 1980, v. 11.

_____. Conferências introdutórias sobre psicanálise (1916-1917 [1915-1917]). *Edição standard brasileira das obras completas de Sigmund Freud.* Rio de Janeiro: Imago, 1980, v. 15 e 16. Conferência XVI: Psicanálise e psiquiatria; XVII: O sentido dos sintomas; XVIII: Fixação em traumas – o inconsciente; XXIV: o estado neurótico comum; XXVI: A teoria da libido e o narcisismo.

_____. Esboço de psicanálise (1940 [1938]). *Edição standard brasileira das obras completas de Sigmund Freud.* Rio de Janeiro: Imago, 1980, v. 23.

_____. Fantasias histéricas e sua relação com a bissexualidade (1908). *Edição standard brasileira das obras completas de Sigmund Freud.* Rio de Janeiro: Imago, 1980, v. 9.

_____. Formulações sobre os dois princípios do funcionamento mental (1911). *Edição standard brasileira das obras completas de Sigmund Freud.* Rio de Janeiro: Imago, 1980, v. 12.

_____. Fragmento da análise de um caso de histeria (1905 [1901]). *Edição standard brasileira das obras completas de Sigmund Freud.* Rio de Janeiro: Imago, 1980, v. 7.

_____. Inibições, sintomas e ansiedade (1926 [1925]). *Edição standard brasileira das obras completas de Sigmund Freud.* Rio de Janeiro: Imago, 1980, v. 20.

_____. __. Luta e melancolia (1917). *Edição standard brasileira das obras completas de Sigmund Freud.* Rio de Janeiro: Imago, 1980, v. 14.

_____. Meus pontos de vista sobre o papel desempenhado pela sexualidade na etiologia das neuroses (1906 [1905]). *Edição standard brasileira das obras completas de Sigmund Freud.* Rio de Janeiro: Imago, 1980, v. 7.

_____. Moisés e o monoteísmo: três ensaios (1939 [1934-1938]). *Edição standard brasileira das obras completas de Sigmund Freud.* Rio de Janeiro: Imago, 1980, v. 23.

_____. Moral sexual "civilizada" e doença nervosa moderna (1908). *Edição standard brasileira das obras completas de Sigmund Freud.* Rio de Janeiro: Imago, 1980, v. 9.

_____. Neurose e psicose (1924 [1923]). *Edição standard brasileira das obras completas de Sigmund Freud.* Rio de Janeiro: Imago, 1980, v. 19.

_____. *Neurose de transferência: uma síntese.* Rio de Janeiro: Imago, 1987.

_____. Notas sobre um caso de neurose obsessiva (1909). *Edição standard brasileira das obras completas de Sigmund Freud.* Rio de Janeiro: Imago, 1980, v. 10.

_____. Novas conferências introdutórias sobre a psicanálise (1933 [1932]). *Edição standard brasileira das obras completas de Sigmund Freud.* Rio de Janeiro: Imago, 1980, v. 22.

_____. O ego e o id (1923). *Edição standard brasileira das obras completas de Sigmund Freud.* Rio de Janeiro: Imago, 1980, v. 19.

_____. O futuro de uma ilusão (1927). *Edição standard brasileira das obras completas de Sigmund Freud.* Rio de Janeiro: Imago, 1980. v. 21.

_____. O mal-estar na civilização (1930 [1929]). *Edição standard brasileira das obras completas de Sigmund Freud.* Rio de Janeiro: Imago, 1980, v. 21.

_____. O problema econômico do masoquismo (1924). *Edição standard brasileira das obras completas de Sigmund Freud.* Rio de Janeiro: Imago, 1980, v. 19.

_____. Projeto para uma psicologia científica (1950 [1895]). *Edição standard brasileira das obras completas de Sigmund Freud.* Rio de Janeiro: Imago, 1980, v. 1.

_____. Psicanálise (1926 [1925]). *Edição standard brasileira das obras completas de Sigmund Freud.* Rio de Janeiro: Imago, 1980, v. 20.

_____. Sobre o mecanismo psíquico dos fenômenos histéricos: comunicações preliminares (1893) (Breuer e Freud). *Edição standard brasileira das obras completas de Sigmund Freud.* Rio de Janeiro: Imago, 1980, v. 2.

_____. Sobre o mecanismo psíquico dos fenômenos histéricos: uma conferência (1893). *Edição standard brasileira das obras completas de Sigmund Freud.* Rio de Janeiro: Imago, 1980, v. 3.

_____. Sobre o narcisismo: uma introdução (1914). *Edição standard brasileira das obras completas de Sigmund Freud.* Rio de Janeiro: Imago, 1980, v. 14.

_____. Totem e tabu (1913 [1912-1913]). *Edição standard brasileira das obras completas de Sigmund Freud.* Rio de Janeiro: Imago, 1980, v. 13.

_____. Três ensaios sobre a teoria da sexualidade (1905). *Edição standard brasileira das obras completas de Sigmund Freud.* Rio de Janeiro: Imago, 1980, v. 7.

_____. Uma dificuldade no caminho da psicanálise (1917). *Edição standard brasileira das obras completas de Sigmund Freud.* Rio de Janeiro: Imago, 1980, v. 14.

GARCIA, R. L. A. *Introdução à metapsicologia freudiana.* Rio de Janeiro: Zahar, 1999.
GHIRALDELLI JR., P. *A modernidade e o "interesse pelo corpo" em Horkheimer e Adorno.* São Paulo: USP, 1995. (Dissertação de mestrado.)
_____. *O que é pedagogia.* 3. ed. São Paulo: Brasiliense, 1996.
GIBELLO, B. *A criança com distúrbios de inteligência.* Porto Alegre: Artes Médicas (Artmed), 1987.
GREEN, A. Entrevista com André Green (José Canelas). *Ide,* n.16, p.47, 1988.
HANNS, L. A. *A teoria pulsional na clínica de Freud.* Rio de Janeiro: Imago, 1999.
_____. *Dicionário comentado do alemão de Freud.* Rio de Janeiro: Imago, 1996.
HARTMANN, H. *La psychanalyse du moi e le problème de l'adaptation.* Paris: PUF, 1968.
HARTMANN, H.; KRIS, E. The genetic approach in psychoanalysis. *Psychoanalytic study of the child.* v.I, p.11-30, 1945.
HEIDEGGER, M. *Chemins qui ne mènent nulle part.* Paris: Gallimard, 1990.
HERRMANN, F. Mal-estar na cultura e a psicanálise no fim do século. In: JUNQUEIRA FILHO, L. C.; SOCIEDADE BRASILEIRA DE PSICANÁLISE DE SÃO PAULO. *Perturbador mundo novo: história, psicanálise e sociedade contemporânea.* São Paulo: Escuta, 1994.
_____. *Psicanálise do quotidiano.* Porto Alegre: Artes Médicas (Artmed), 1997.
HONNETH, A. Foucault e Adorno: duas formas de crítica da modernidade. *Revista de Comunicação e Linguagens.* Lisboa, n.19, p.171-181, dez. 1983.
HORSTEIN, L. *Introdução à psicanálise.* São Paulo: Escuta, 1989.
JERUSALINSKY, A. *Psicanálise e desenvolvimento infantil: um enfoque transdisciplinar.* Porto Alegre: Artes Médicas (Artmed), 1988.
KANT, I. *Textos seletos.* Petrópolis: Vozes, 1985.
KEPHART, N. V. *O aluno e a aprendizagem lenta.* Porto Alegre: Artes Médicas (Artmed), 1990.
KIERKEGAARD, S. *O conceito de angústia.* São Paulo: Hemus, 1968.
KOLCK, O. L. V. *Técnicas de exame psicológico e suas aplicações no Brasil.* Petrópolis: Vozes, 1981.
KREISLER, L.; FAIN, M.; SOULÉ, M. *A criança e seu corpo.* Rio de Janeiro: Zahar, 1981.
KUPFER, M. C. M. *Educação para o futuro*: psicanálise e educação. São Paulo: Escuta, 2000.
_____. *Freud e educação: o mestre do impossível.* São Paulo: Scipione, 1989.
LACAN, J. L'agressivité in psychanalyse (1948). In: *Écrits.* Paris: Seuil, 1966.
_____. *Escritos.* São Paulo: Perspectiva, 1978.
_____. *Las formaciones del inconsciente.* Buenos Aires: Nueva Visión, 1976.
_____. *Os escritos técnicos de Freud: livro 1.* Rio de Janeiro: Zahar, 1983.
_____. *O seminário, livro 7: a ética da psicanálise.* Rio de Janeiro: Zahar, 1991.

LAJONQUIÈRE, L. *De Piaget a Freud: para repensar as aprendizagens. A (psico) pedagogia entre o conhecimento e o saber.* Petrópolis: Vozes, 1992.
_____. *Infância e ilusão (psico)pedagógica: escritos de psicanálise e educação.* Petrópolis: Vozes, 1999.
_____. O legado pedagógico de Jean Itard (A pedagogia: ciência ou arte?). *Revista Educação e Filosofia,* Universidade Federal de Uberlândia (MG), v.6, n.12, jan./dez. 1992.
LAPLANCHE, J. *O sujeito, o corpo e a letra.* Lisboa, 1977. "O ego e o narcisismo".
LAPLANCHE, J.; PONTALIS, J. B. *Vocabulário da psicanálise.* 10. ed. São Paulo: Martins Fontes, 1988.
LEITE, M. L. M. *O óbvio e o contraditório da roda.* In: DEL PRIORE, M. *História da criança no Brasil.* São Paulo: Contexto, 1991.
LEVISKY, D. L. Acting out na análise de crianças: um meio de comunicação. *Revista Brasileira de Psicanálise.* v. 4, p. 509-527, 1987.
_____. Inscrição mental pré-verbal e contratransferência. *Revista Brasileira de Psicanálise.* v.1, p.137-154, 1989.
LUCKESI, L. L. *Filosofia da educação.* São Paulo: Cortez, 1990.
LUZURIAGA, I. *La inteligencia contra si mesma.* Buenos Aires: Psique, 1970.
MANNACORDA, M. A. *História da educação: da antigüidade aos nossos dias.* São Paulo: Cortez, 1989.
MANNONI, M. *Educação impossível.* Rio de Janeiro: Francisco Alves, 1988.
MANNONI, O. *Freud e a psicanálise.* Rio de Janeiro: Editora Rio, 1976.
MARCÍLIO, M. L. A roda dos expostos e a criança abandonada na história do Brasil (1726-1950). In: FREITAS, M. C. de (Org.). *História social da infância no Brasil.* São Paulo: Cortez, 1999.
MATOS, O. C. F. *O iluminismo visionário: Benjamin leitor de Descartes e Kant.* São Paulo: Brasiliense, 1993.
MILLER, J. (Org.). *A criança no discurso analítico.* Rio de Janeiro: Zahar, 1991.
MILLOT, C. *Freud antipedagogo.* Rio de Janeiro: Zahar, 1987.
MINERBO, M. *Estratégias de investigação em psicanálise: desconstrução e reconstrução do conhecimento.* São Paulo: Casa do Psicólogo, 2000.
MOKREJS. Epistemologia genética e psicanálise: reflexões e resenhas. *Revista Unifieo.* Osasco, v.1, n.1, 1999.
MONTAIGNE, M. *Montaigne: ensaios II.* (Coleção Os Pensadores). São Paulo: Nova Cultural, 1991.
MRECH, L. M. *Psicanálise e educação: novos operadores de leitura.* São Paulo: Pioneira, 1999.
MUCCHIELLI, R.; BOURCIER, A. *La dyslexie, maladie du siècle.* Paris: Sociales Françaises, 1963.
MUCCHIELLI, R. *Modéles sociométriques et formation des cadres.* Paris: PUF, 1963.
NÁSIO, J. D. *Os 7 conceitos cruciais da psicanálise.* Rio de Janeiro: 1988.
NICOLAÏDIS, N. *A representação: ensaio psicanalítico.* São Paulo: Escuta, 1989.

OCAMPO, M. L. S. et al. *O processo psicodiagnóstico e as técnicas projetivas.* 7.ed. São Paulo: Martins Fontes, 1994.
OLIVEIRA, V. B.; BOSSA, N. A. (Org.). *Avaliação psicopedagógica da criança de zero a seis anos.* 8. ed. Petrópolis: Vozes, 1999.
PAIN, S. *Aprendizaje hoy.* Buenos Aires, 1982.
PATTO, M. H. S. *A produção do fracasso escolar: histórias de submissão e rebeldia.* São Paulo: T. A. Queiroz, 1996.
_____. *Psicologia e ideologia: uma introdução crítica à psicologia escolar.* São Paulo: T. A Queiroz, 1984.
PELLEGRINO, H. *Os sentidos da paixão.* São Paulo: Companhia das Letras, 1987. "Édipo e a paixão".
PEREIRA, D. *Efeitos do método Ramain no rendimento escolar de alunos de escolas de 1º grau do município do Rio de Janeiro.* Rio de Janeiro>: Faculdade de Educação da UFRJ, 1972. (Dissertação de mestrado.)
PICHON-RIVIÈRE, E. *Teoria do vínculo.* São Paulo: Martins Fontes, 1995.
ROSOLATO, G. *Elementos da interpretação.* São Paulo: Escuta, 1988.
ROUDINESCO, E. *Por que a psicanálise?* Rio de Janeiro: Zahar, 2000.
ROUDINESCO, E.; PLON, M. *Dicionário de psicanálise.* Rio de Janeiro: Zahar, 1998.
ROUSSEAU, J. J. *Emílio ou da educação.* São Paulo: Difel, 1979.
SALTINI, C. J. P. *Afetividade & Inteligência: a emoção na educação.* Rio de Janeiro: DP&A, 1997, v.1.
SANTOS, B. S. *Um discurso sobre as ciências.* 11. ed. Porto: Afrontamento, 1999.
SEVERINO, A. J. *Metodologia do trabalho científico.* 20. ed. São Paulo: Cortez, 1996.
SOIFER, R. *Psicodinamismos da família com crianças: terapia familiar com técnica de jogo.* Petrópolis: Vozes, 1989.
SOUZA, A. S. L. *Pensando a inibição intelectual: perspectiva psicanalítica à proposta diagnóstica.* São Paulo: Casa do Psicólogo, 1995.
WINNICOTT, D. W. *O ambiente e os processos de maturação: estudos sobre a teoria do desenvolvimento emocional.* Porto Alegre: Artes Médicas (Artmed), 1990.
_____. *Explorações psicanalíticas.* Porto Alegre: Artes Médicas (Artmed), 1994.
_____. *O brincar e a realidade.* Rio de Janeiro: Imago, 1975.
_____. *Textos selecionados: da pediatria à psicanálise.* 2. ed. Rio de Janeiro: Francisco Alves, 1982.
_____. *Privação e delinqüência.* 3. ed. São Paulo: Martins Fontes, 1999.
WITTER, G. P. *Psicologia da aprendizagem.* São Paulo: EPU, 1984.